师范生教学能力训练系列教材

课堂教学能力训练

主 编 陈时见 李 俐

中国教育出版传媒集团
高等教育出版社·北京

内容提要

本教材根据教师课堂教学能力的基本内涵，结合当前教学实际需求及未来教学发展趋势，设计了教学理解能力、教学组织能力、资源整合能力、学习评价能力和教学反思能力五个训练项目。具体项目内容的组织采取理论学习与实践反思相结合的方式，依次安排阅读与思考、案例与评析、实作与反思三个学习活动。学习活动立足教学原理，紧扣课堂实际，聚焦能力主题，遵循发展规律，力图使师范生或教师通过学习活动切实有效地提升课堂教学能力。

本教材既可以作为师范生培养课程体系的配套教材，又可为新教师的入职教育与培训提供参考。

图书在版编目（CIP）数据

课堂教学能力训练 / 陈时见，李俐主编. -- 北京 ：高等教育出版社，2023.9
师范生教学能力训练系列教材
ISBN 978-7-04-059275-7

Ⅰ. ①课… Ⅱ. ①陈… ②李… Ⅲ. ①课堂教学-教学法-高等师范院校-教材 Ⅳ. ①G424.21

中国版本图书馆CIP数据核字(2022)第154588号

Ketang Jiaoxue Nengli Xunlian

策划编辑 魏延娜 韩奕帆　责任编辑 魏延娜　特约编辑 韩奕帆　封面设计 王 洋
版式设计 杨 树　责任绘图 邓 超　责任校对 吕红颖　责任印制 耿 轩

出版发行	高等教育出版社	网　　址	http://www.hep.edu.cn
社　　址	北京市西城区德外大街 4 号		http://www.hep.com.cn
邮政编码	100120	网上订购	http://www.hepmall.com.cn
印　　刷	鸿博昊天科技有限公司		http://www.hepmall.com
开　　本	787 mm×1092 mm　1/16		http://www.hepmall.cn
印　　张	13.25		
字　　数	250 千字	版　　次	2023年 9月第 1 版
购书热线	010-58581118	印　　次	2023年 9月第 1 次印刷
咨询电话	400-810-0598	定　　价	32.80 元

物 料 号　59275-00

师范生教学能力训练系列教材
编　委　会

序

党的二十大报告提出，要坚持教育优先发展。立德树人是教育的根本任务，培养学生发展核心素养是落实立德树人根本任务的关键所在。不管是 2017 年版 2020 年修订的普通高中课程标准，还是 2022 年版的义务教育课程标准，课程改革都体现出鲜明的素养导向。培养具备核心素养的学生，必须要有具有良好素养的教师。党的二十大报告提出要培养高素质教师队伍。教师是学生成长中的关键因素之一，教师的一言一行给学生提供了榜样。

素养导向的基础教育课程改革对教师教育提出了新的要求，教师教育需要围绕师范生素养的培养进行相应的调整与改革。这里的素养不仅包括师范生的从教素养，还包括师范生自身的素养。教师的专业性在很大程度上体现为教师的核心素养。教师教育就是要通过培养核心素养，将习近平总书记提出的“四有”好老师的标准和要求落到实处。

能力训练课程是师范生培养体系的重要组成部分，对于师范生掌握教育教学实践知识与技能具有非常重要的意义。经过多年教师教育课程改革的实践探索，西南大学建构了师范生教学能力训练课程体系：以师范生能力训练为核心，既包括教师口语能力训练、教师书写能力训练、教师音乐能力训练、教师美术能力训练等基础性能力训练课程，又包括课堂教学能力训练、智能化教学能力训练、心理教育能力训练、班主任能力训练等综合性能力训练课程。这些课程不仅直接服务于师范生的专业实践，而且为师范生的未来发展提供了更多的可能性。

在素养为本的时代，师范生能力训练课程体系也必须以素养为导向。从一般意义而言，素养体现为一个人做好特定工作或完成特定任务所表现出来的综合能力，需要通过一个复杂的过程予以培养。素养不同于技能：一方面，技能通常是比较单一的，而素养则是综合表现，即解决复杂的现实问题不仅需要知识和技能，还需要积极的情感、态度和价值观；另一方面，技能往往通过训练就可以获得，而素养不仅需要具有一定的技能，而且需要具备有效的思维方式。教育教学是复杂的实践活动，教师在教育教学过程中不仅要面对发展过程中不断变化的学生，而且要面临具有很大不确定性的教育教学场景；教师不仅需要教育教学的实践技能，而且需要教育教学的情感、态度、思维方式等方面的核心素养。因此，师范生教学能力训练课程既包括相关技能训练的内容，又涵盖教师核心素养方面的要求。当然，素养很难通过程序化的简单训练而培养，需要在复杂的情境中通过综合运用多种知识和技能解决复杂的现实问题逐渐发展。同时，师范生只有在自主参与的情况下，才能突破应激反应的局限，从而在复杂的情境中整合自身的经验，形成有意义的应对模式。只有在问题解决的过程中，师范生的心智才会得到磨炼，并逐步构建出一个开放的思维系统，为未来的专业发展奠定坚实的心智基础。

本套教材遵从“项目—任务—活动”三个层级的编写逻辑：首先根据课程的核心能力确定相应的训练项目，每一个训练项目对应一种具体的核心能力；接着根据训练项目确定训练任务，每一项任务都要求对知识、思维和操作行为进行整合；最后围绕训练任务设计系列活动，每一项活动都需要师范生深度参与，充分发挥自主性，在实际操作中萌生智慧。每一项活动不仅有清晰的实践步骤，而且有丰富的材料支撑，从而让师范生可以经历一个有序的思维发展过程，形成内在的可迁移的心智模式。通过这些课程的学习，师范生不仅可以形成有关的实践技能，增强教育教学胜任力，而且可以形成正确的价值观和积极的思维方式，为未来成为教师、站稳讲台奠定必要的能力基础。因此，这不仅是一套师范生教学能力训练教材，而且是对教师专业发展的一种引领。师范生不仅要主动参与、实践操作，还要积极思考、勇于创新，从而形成教育教学的综合素养。希望这套教材的出版有助于师范生培养体系的改革，对于提升师范生的核心素养和关键能力起到积极的促进作用。

2023 年 3 月

前言

党的二十大报告提出，要坚持教育优先发展，坚持为党育人、为国育才，全面提高人才自主培养质量。培养高质量人才，需要培育新时代大国良师，全面振兴教师教育，打造高品质的教师教育课程体系。

课堂教学能力训练是师范生培养课程体系的必修课程，也是新教师入职教育的基础课程，《课堂教学能力训练》就是专门为配合相关课程实施而编写的教材。训练内容涉及课堂教学能力的核心要素，具体包括教学理解能力、教学组织能力、资源整合能力、学习评价能力和教学反思能力五个训练项目。

教学理解能力训练包括理解教学要素、理解教学模式、理解教学互动三个训练任务，旨在培养学生对课堂教学的整体性认识、理解和分析等方面的能力。教学组织能力训练包括设计教学方案、组织教学活动、激发学生参与三个训练任务，旨在培养学生的课堂教学设计、组织和管理等方面的能力。资源整合能力训练包括学科资源整合、跨学科资源整合、技术资源整合三个训练任务，旨在培养学生的课堂教学内容整合、资源利用、技术应用等方面的能力。学习评价能力训练包括评价学习过程、评价学习结果、开展自主评价三个训练任务，旨在培养学生的课堂教学评价策略、评价方法、评价技术等方面的能力。教学反思能力训练包括说课、评课、课例研究三个训练任务，旨在培养学生的课堂教学实作与反思、研究等方面的能力。

为了突出能力训练的特点和过程，本教材不是按照课堂教学的知识体系进行设计的，也不是为了给学生提供一个有关课堂教学的知识读本，而是根据能力训练的需要，按照“项目—任务—活动”的基本框架进行单元内容和训练任务设计，即先设计训练项目，接着在每一个训练项目中设计一定的训练任务，然后在每一个训练任务中设计了三个活动。这样设计的目的在于能更好地体现学生在训练过程中的参与性和主体性。在训练过程中，教师的主要任务不是系统地讲授相关的知识内容，而是通过项目和任务让学生主动地参与到阅读、思考、体验、分析、讨论、探究、实作等系列活动中。为了体现教材的能力训练特征，我们在每个项目中都选编了一些阅读材料和教学案例，教师可以充分利用这些材料和案例组织学生进行有针对性的分析和讨论。教师还可以结合自己的教学实际，收集更多有特色的教学案例，并在训练过程中进行充分展示和评析。学生也可以根据自己的学习实际，利用阅读材料和教学案例进行课外自主训练。

本教材是编写团队集体完成的，具体分工如下：陈时见、李俐担任主编，李俐、唐旭负责编写项目一，陈时见、张军负责编写项目二，张文超负责编写项目三，于波负责编写项目四，范敏负责编写项目五。在编写过程中，我们参考了大量已有的研究成果，特别是选编了大量教学案例，对这些成果和案例的作者深表感谢。同时，我们还得到了于泽元、胡航、白智宏、杨琴、刘才利等老师的指导和帮助，他们为本教材的编写提供了宝贵的意见和建议。由于水平有限，教材中可能还存在许多不足，敬请大家批评指正，以便我们今后不断改进和完善。

陈时见　李　俐

2023 年 6 月

目录

项目一
教学理解能力

课堂教学是将教师的教和学生的学紧密联系的一种教学组织形式，具有很强的互动性和鲜活的生命取向。理解课堂教学涉及教师与学生、学生与学生、教师与文本、学生与文本的对话与交流，是一种特殊的意义建构活动。教学理解能力是教师应具备的重要能力。教师对课堂教学的理解包括教学要素、教学模式、教学互动、教学策略、教学艺术等方面，本项目重点从教学要素、教学模式和教学互动三个方面对教学理解能力进行训练。

任务一
理解教学要素

教学要素是构成课堂教学系统的元件，理解课堂教学基本要素对于提高教师教学理解能力意义非凡。目前，人们对课堂教学基本要素有着不同的理解，综合各种观点，我们把学生、教师、教学内容和教学环境确定为课堂教学基本要素。

活动一　阅读与思考

活动提示：阅读下列内容，理解课堂教学基本要素。

一、学生

学生是课堂教学系统的核心要素，是教学活动的主体。卢梭（J. Rousseau）认为："你必须好好地了解了你的学生之后，才能对他说第一句话。"[①] 对学生的理解是课堂教学的重要工作，关系着教师合理确定教学目标、设计教学方案、组织教学活动、整合教学资源、开展学习评价以及实施教学反思。

（一）学生具有发展性

学生是发展中的人，在成长过程中具有发展性。具体体现在两个方面：一是学生具有发展的可能性，这意味着学生有巨大的发展潜能，教师不仅要用发展的眼光看待学生，还要尊重学生的个体差异，关注学生的个性发展，给予学生自主选择学习内容和学习方式的权利，有效地进行因材施教，为学生的发展提供有利的条件；二是学生处于发展过程中，这意味着学生是一个指向未来的变化体，其发展需要依靠向前驱动的能力，需要教师在课堂教学中有意识地培养。教师要对学生的发展抱有信心，辩证地看待学生在发展过程中出现的问题和所犯的错误。

---

① 卢梭. 爱弥儿：论教育：全 2 卷［M］. 李平沤，译. 北京：商务印书馆，2017：108.

（二）学生具有独特性

独特性是学生个性的本质特征，把握学生的独特性是课堂教学成功的重要前提。理解学生的独特性，教师需要注意三点：一是学生并不是单纯抽象的学习者，而是有着丰富个性的完整的人。学生不仅具备全部的智慧力量和人格力量，而且体验着全部的教育生活，这就要求教师在课堂教学中要充分认识到学生是完整的人。二是每一名学生由于遗传、家庭条件、生活经历以及社会环境的不同，形成了个人独特的心理世界，在兴趣、爱好、性格等方面表现出差异性。这意味着教师在课堂教学中要充分认识到每名学生都有自身的独特性，在课堂教学中尊重这种独特性，使每名学生在原有基础上都能得到自由的发展。三是学生和成年人之间存在巨大的差异。学生的观察、思考、体验等都和成年人有明显的不同，教师只有认真研究学生的特点，才能与其有效地沟通、交流与互动，从而达到教育和影响他们的目的。

（三）学生具有主体性

在一定条件下，学生对自己的生命活动具有支配和控制的权利，具有主体性。理解学生的主体性，教师需要注意三点：一是关注学生的自主性品质。每一名学生都是独立于教师头脑之外、不以教师的意志为转移的客观存在，学生作为主体能够在学习和发展过程中自己做主、自我负责，任何人都无法代替学生的学习，这就需要教师尽可能地创造条件，引导学生进行自主学习。二是重视学生的能动性品质。学生在面对外部客观世界时，能够自觉、积极、主动地去认识和探索，这就需要教师充分调动学生学习的积极能动性。三是激发学生的超越性品质。超越性是学生主体性的最高体现，主要表现在对客观现实的超越和对自我的超越。对客观现实的超越指的是学生能够在对各种客观条件理解的基础上，对条件进行有效的调适或改变，使之更符合自我学习的需要。对自我的超越指的是学生在对自我认识的基础上，积极发挥自我优势，变换思维方式，自觉追求高效地学习和发展。学生的自主性、能动性和超越性是一个有机的整体，自主性是主体性的核心和基础，能动性是主体性的基本表现，超越性则是主体性的升华。

二、教师

教师是履行教育教学职责的专业人员，承担教书育人，培养社会主义事业建设者和接班人、提高民族素质的使命。教师是课堂教学的重要实施者，对教师这一课堂教学基本要素的认识，影响着教师对课堂教学的理解。基于不同取向人们对教师的界定是不同的，对教师地位和作用的认识也是不一样的。

（一）教师是课堂教学的组织者

随着以学生为本的理念提出，教师的作用不再是用严格的纪律和规则去约束学生，而是通过精心设计教学方案，认真组织丰富多彩的教学活动，充分整合教学资源，为学生创造一种有助于探索交流的情境，使学生在民主、和谐的气氛中快乐学习。作为课堂教学组织者的教师应注意两点：一是根据课程标准、学科教材和学生的实际水平确定教学目标，设计、组织、安排教学内容和教学活动；二是有效组织课堂教学的各个环节，充分组织和调控课堂。

（二）教师是学生学习的引导者

从教师与学生的关系来看，教师是学生学习的引导者。一方面，教师是学生学习能力的培养者。教师应从知识传授者的角色中解放出来，把重心放在关注学生个性，基于学生核心素养，重建教学关系，把学习的权利和责任交还给学生，注重提升学生的学习能力，引导学生学会自我教育、自主学习，使学生真正成为学习的主人。另一方面，教师是学生人生的引路人。学生具有向师性的特点，教师的言行和为人处事的态度会对学生起到耳濡目染、潜移默化的影响。作为学生学习引导者的教师应注意两点：一是利用课堂教学进入学生的道德和心灵世界；二是充分挖掘道德教育资源，进行价值引领，促进学生品德发展。

（三）教师是课程资源的开发者

从教学与课程的关系来看，教师是课程资源的开发者。教师要根据教学目标，合理开发、挖掘、整合各种教学资源，丰富课程内容，实现课程内容、学生生活、现代社会、科技发展之间的联系，让课堂教学充满生命力。作为课程资源开发者的教师应注意三点：一是转变观念，更新知识，不断提高自身的课程理论素养；二是依据课程标准，基于学情，创造性地使用教材；三是学会整合资源，丰富课程内容，有效满足学生的个性化发展需要。

（四）教师是教育教学的研究者

从教学与研究的关系来看，教师是教育教学的研究者。教师的工作对象是学生，传授的内容不断发展变化，教师劳动又具有复杂性、创造性、长期性和示范性。这就决定了教师要以一种变化发展的态度来对待自己的工作对象和工作内容，学会开展教育教学研究和反思，学会说课、评课和开展课例研究。传统的教学和研究是彼此分离的，教师的主要任务是开展教学，教学研究处于辅助地位。而随着课程改革的不断深入，要求教师在教育教学过程中要以研究者的心态置身于教学情境之中，用研究者的眼光审视和分析教育教学理论与实践中的问题，反思自身行为，总结积累经验，形成规律性认识。

作为教育教学研究者的教师应注意三点：一是积极参加评课和说课，二是主动参与课例研究，三是立足真实教学情境开展行动研究。

（五）教师是终身学习的践行者

终身学习是教师专业发展的不竭动力，也是中小学教师职业道德规范的重要内容。《中小学教师职业道德规范（2008 年修订）》中要求教师崇尚科学精神，树立终身学习理念，拓宽知识视野，更新知识结构，潜心钻研业务，勇于探索创新，不断提高专业素养和教育教学水平。教师只有不断强化自身学习，更新理念，在实践中总结经验教训，才能适应教育教学改革的需要，才能使自己更具竞争力。作为终身学习践行者的教师应注意三点：一是加强学习，增加知识储备；二是学会学习，掌握学习方法；三是树立终身学习理念，活到老，学到老。

三、教学内容

教学内容是指教学过程中与师生发生交互作用、服务于教学目标达成的动态生成的素材及信息。具体有三方面的内涵：一是教学内容总是为一定的教学目标服务的，二是教学内容表现为各门学科中的事实、观点、概念、原理、问题等素材及信息，三是教学内容是在与师生发生交互作用的过程中动态生成的。教学内容的载体包括课程标准、教科书以及其他教学资源。

（一）课程标准

课程标准是由国家教育主管部门组织制定并发布的，具有法律效力的纲要性文件，它是依据课程计划的规定，以纲要的形式对某一具体学科教学内容进行编订的。课程标准规定了教学内容的基本范围以及学生所要达到的水平，是教材编写、教学、评价和考试命题的依据，也是国家管理和评价课程的基础。课程标准体现了国家对不同阶段的学生在正确价值观、必备品格和关键能力的培养要求，它规定了各门课程的性质、理念、目标、内容、学业质量，提出了教学、评价以及教材编写等建议。义务教育课程标准应适应普及义务教育的要求，让绝大多数学生经过努力都能够达到，体现国家对公民素质的基本要求，着眼于培养学生的终身学习能力。普通高中课程标准应在坚持使学生普遍达到基本要求的前提下，有一定的层次性和选择性，并开设选修课程，以利于学生获得更多的选择和发展机会，为培养学生的生存能力、实践能力和创造能力打下良好的基础。

（二）教科书

教科书是依据课程标准编制的、系统反映学科内容的教学用书，主要由目录、课文、习题、实验、图表、注释和附录等部分构成。教科书是课程标准的具体化，通常按照学年或学期分册，划分单元或章节。课文是教科书的主体部分，是衡量一个国家或地区基础教育水准的重要标志。[①]对教科书的认识，可以从四个方面入手：第一，教科书是学生学习、获得系统知识的主要材料，可以有效帮助学生掌握教师讲授的内容，同时也便于学生预习、复习和做作业；第二，教科书是教师进行教学的主要依据，为教师备课、上课、布置作业、评定学生学习成绩提供了基本材料；第三，教科书根据课程标准的要求，分析了本学科课程的教学目标、内容范围和教学任务；第四，教科书是理论与实际相联系的基本途径和最佳方式，有利于确定本学科课程的主要教学活动、课外活动、实验活动或其他社会实践活动，对各个教学阶段的课堂教学和课外活动作出了统筹安排。

（三）其他教学资源

其他教学资源指的是除课程标准、教科书以外的其他资源，如教学资料、支持系统等。教学资料是指能创造出一定教育价值的各类信息资源，既包括学生和教师在学习与教学过程中所需要的各种文本、图形、图像、音频、视频材料，又包括教学课件、教具、基础设施、教学软件以及教学平台等内容。支持系统指的是支持学习者有效学习的内外部条件，包括学习环境支持、人员支持、设备支持、信息支持等。支持系统作为教学资源内容对象与学习者沟通的途径，实现了媒介的功能，它与教学资源的构成相关联。

四、教学环境

教学环境是影响课堂教学的重要因素之一，任何教学活动都是在一定的教学环境中进行的。教学环境是指影响课堂教学活动的开展、质量和效果，并存在于课堂教学过程中的各种物理、社会、心理的因素总和。[②]良好的教学环境必然有助于教师合理利用课堂教学时间，提升教学的有效性；而不良的教学环境必然会耽误课堂教学时间，达不到应有的教学效果。教学环境主要包括物理环境和心理环境。

（一）物理环境

物理环境是由学校内部的各种物质、物理因素构成的，如设施环境和时空环境。设施环境包括教学场所和教学用具。教学场所包括教室及其他活动场所，如校园、运动场、图书馆、办公室、宿舍、食堂等。教学场所的质量

---

① 王本陆. 课程与教学论［M］. 3版. 北京：高等教育出版社，2017：66.

② 周成海. 课堂教学原理与方法［M］. 北京：中国轻工业出版社，2015：47.

对教师和学生的身心活动有直接影响。一个良好的教学场所应具备以下条件：第一，要有良好的位置方向和足够的空间；第二，教室要有良好的通风、采光、照明条件，要保持适当的温度，无噪声；第三，教室的造型设计和色彩运用要恰当，教室建筑应布局合理、实用，能满足教学需要，外观造型应有一定的审美效果，色彩运用也应慎重考虑不同颜色给师生情感带来的影响。教学用具主要是指教学活动所必备的一些基本用具，如课桌椅、实验仪器、图书资料、运动器材和各种多媒体教学设备等。教学用具是教学活动所必需的，对教学活动起着制约作用。课桌椅的规格要符合教学和卫生要求，造型设计与摆放形式要适应教学活动的需要。教材是最重要的教学用品，对其文字、插图及各种符号的设计应考虑到视觉表征对学生学习的影响。教材中的各种符号要清晰，文字和纸张的色彩搭配要柔和，且对比明显；纸面平坦、光滑但不反光；版面印刷美观，装帧经久耐用。

时空环境是由学校内时间和空间两大因素构成的特定环境。教学是一个连续的过程，但为教学提供的时间总是一个常量。空间作为一种教学场所，其容量总是受到一定的限制。教师在有限时间内合理地组织教学的空间活动以提高教学效率，就等于为学生赢得了更多的学习时间；而在一定空间范围内，教师若能充分提高对空间的使用率就等于扩充了教学空间。教师科学地安排分配时间对师生生理和心理都具有较大影响，从而对教学成效产生影响。因此，根据青少年学习心理特点及不同学科的性质，合理安排学习时间，使学生在学习中有张有弛，劳逸结合，是创设良好教学环境的重要内容。不同的教学空间组织形式和空间密度对师生的身心健康和教学成效会产生不同的影响。班级规模和座位编排方式是两个最重要的教学空间变量。班级规模越小，学生的学习积极性越高；教学空间越拥挤，越容易引起学生行为异常。

（二）心理环境

心理环境是一个复杂的环境系统，它与物理环境共同构成了教学环境的整体。与物理环境不同的是，心理环境是一个看不见、摸不着的无形环境，但它对教学活动有着重要影响，有时其影响力会超过物理环境。心理环境主要由课堂气氛和人际关系构成。课堂气氛主要是指学生在课堂上所知觉到的班级团体中影响其学习的心理氛围，包括班级目标导向、学习进度、困难、偏向、内聚力、团结友爱、冲突、民主、满意度、竞争等因素。课堂气氛是在师生互动、传递大量有关当前学习活动的信息和彼此的沟通交流中形成的，不仅对每名学生的学习行为产生一定的影响，还会对班级群体的学习行为产生重要影响。课堂气氛通常分为积极、消极和对抗三种类型。[①] 积极的课堂气氛最有利于教学活动的开展，有助于提高教学的有效性；而消极和对

---

① 周成海. 课堂教学原理与方法［M］. 北京：中国轻工业出版社，2015：47.

抗的课堂气氛则对教学活动产生不良影响，降低教学效果。人际关系是人与人之间通过交往与相互作用而形成的直接的心理关系。课堂教学既是信息交流的过程，又是情感交流的过程。要想形成良好的课堂气氛，教师必须改善领导方式，与学生建立良好的关系。教师端正的教学态度、适当的期望、恰当的奖惩及引入适宜的合作与竞争机制，都会给课堂情感状态带来积极的影响，从而能最大限度地满足学生的学习需要，使他们产生愉悦的情绪，收到满意的教学效果。而这一切必须建立在师生相互尊重、相互信赖的良好关系基础上。

总之，学生、教师、教学内容和教学环境四者互相矛盾，互相统一，以矛盾求统一，形成课堂教学的动态平衡，是教师理解课堂、保证教学质量的关键。只有学生、教师、教学内容和教学环境四个基本要素的有机结合，教师和学生才能在课堂教学活动中根据各自的特点，正确地选取教学内容，充分发挥各自特有的地位和作用，推动课堂教学的开展，发挥教学的整体功能，顺利地完成特定的教学任务。

活动二　案例与评析

活动提示：基于下面的活动案例，分析课堂教学基本要素。

案例 1　学生错了，还是老师错了?

一、案例简介

当前，有的课堂教学过于注重课本教育，过于注重对标准答案的探寻和记忆。该案例中的教师因追寻“标准答案”而不遗余力地维护自己权威的做法，值得深思。

二、案例呈现

有一位学生家长给某教授写了一封信，信的内容大致如下：

我同事的儿子刚上初中，孩子非常喜欢阅读课外书，积累了许多知识，在一次上课的时候，语文老师讲解一段课文，说烈士的鲜血染红了山茶花。孩子站起来反驳老师，说鲜血不可能染红山茶花，并把花为什么会是不同颜色的原理讲了一遍。老师大概从来没有遇到过如此“大逆不道”的学生的质疑，当即勃然大怒，把他赶出了教室，罚他不准上课，要求家长加强管理。

三、案例研讨

请结合所学内容，从课堂教学基本要素的角度分析案例 1 中教师的行为。

案例 2　群文阅读之细节描写教学设计案例

一、案例简介

本案例是重庆市北碚区晏阳初中学邓小琴老师的教学设计案例，该作品曾在教育部西南基础教育课程研究中心、重庆树人教育研究院举办的 2020 年度“全国群文阅读教学成果评选系列活动”中荣获三等奖。这是一堂语文群文阅读课，题目来自部编版语文七年级下册第三单元写作教学“抓住细节”。教师旨在通过群文阅读的方式，引导学生归纳建构细节描写的方法，并能运用到写作中，提高写作能力。同时在活动中，学会观察，养成观察生活的习惯，做生活的有心人，发现生活中的细节美。该教学设计分为四个板块，从游戏体验引入，学生在活动中体验如何观察，理解细节描写相关知识。然后通过三个典型的细节描写文段的学习，归纳建构细节描写的方法。最后进行写作实践，运用学到的细节描写方法，形成自己的写作策略知识，提升写作能力。同时在习作的交流展示和评价中，帮助学生逐渐发展关于写作的元认知。

二、案例呈现

（一）教学目标

1. 理解细节描写的概念；
2. 能从文本中归纳细节描写的方法；
3. 能将细节描写的方法运用到写作中；
4. 能积极主动地观察生活、感悟生活，发现生活中的美。

（二）学情分析

七年级学生的作文有一个普遍现象，就是不会描写，描写不具体、不生动，或是描写得过于细枝末节，为描写而描写。这一主题通过游戏让学生在感知体验中，理解什么是细节和细节描写，通过多文本的学习，归纳建构细节描写的方法，并在写作实践中运用细节描写，促进学生写作能力的提升。同时，细节描写的基础是观察，在本主题的学习中，让学生体会观察的重要性，掌握观察方法，从而培养学生观察生活的习惯和热爱生活的品质，做生活的有心人，发现生活中的美。

（三）教学重难点

1. 教学重点

（1）能归纳细节描写的方法，并运用到写作中；

（2）能积极主动地观察生活、感悟生活，发现生活中的美。

2. 教学难点

能归纳细节描写的方法，并运用到写作中。

（四）教学设计

表 1–1　群文阅读之细节描写教学设计

教学环节	教师活动	学生活动	设计意图
游戏导入	组织学生玩游戏：击鼓传花，并讲解游戏规则及要求（课前准备：手鼓、花球）。 游戏规则：鼓声响起时，手拿花球的同学抛出去，从第一排向后，S 形循环，鼓声结束时，接到花的同学上台表演一个小节目。 要求：请同学们观察，游戏过程中谁最紧张、谁最轻松、谁最开心……并简要描述。	1. 玩游戏：击鼓传花。 2. 观察发现：谁最紧张、谁最轻松、谁最开心……并简要描述。	学生在游戏中体验，形象直观地引入本课主题“抓住细节”，引起学生兴趣，初步感知什么是细节，为后面进行细节描写教学做准备。
什么是细节	1. 请学生谈谈在游戏中的观察发现，从中引出“什么是细节”“细节描写”。 预设：学生谈接到花表演的同学很紧张，教师要适时追问“你是从哪些地方感受到他紧张的，你看到（听到、感受到）了什么？比如神态、动作、说话时的语气语调等”。 明确：这些细微的、不易发现的、对表达主题有价值的典型之处就是细节，对这些细节的描写就是细节描写。 PPT 展示：对人物、景物、事件等表现对象的不易察觉的细微而有价值的典型之处的刻画就是细节描写。	1. 请 3～5 名学生谈谈在游戏中的观察发现。 2. 理解什么是细节及细节描写。 3. 了解细节描写相关的知识结构。	1. 理解什么是细节及细节描写。 2. 学生了解细节描写的上位概念、平行概念、下位概念，构建关于细节描写的知识结构。

续表

教学环节	教师活动	学生活动	设计意图
什么是细节	2. 简要讲解细节描写的上位概念、平行概念、下位概念，让学生清楚关于细节描写的知识结构。 PPT展示： 表达方式：记叙、议论、描写、抒情、说明 描写——细节描写：人物描写、场景描写、环境描写 人物描写：外貌描写、语言描写、动作描写、神态描写、心理活动描写 环境描写：自然环境描写、社会环境描写		
怎样描写细节	教师：细节描写首先要选择能突出主题（特点）的有价值的细节，不是什么细节都需要写；其次，细节描写要写具体、写生动。 1. 方法建构：以《背影》《台阶》《老王》为例，学习如何把细节描写写具体、写生动。 思考问题： （1）请用一句话概括《背影》片段所描写的细节，作者把这一细节拆分成了哪几个画面来写？是按照怎样的顺序来拆分画面的？ （2）《台阶》片段中，写头发上的露珠这一细节，写了哪几个画面？是按照怎样的顺序来写的？请你给这种细节描写方法起个名字。 （3）三段细节描写都很生动形象，在语言表达上，作者运用了哪些方法达到这一效果？ 方法归纳： 细节描写： 画面拆分（时间、空间）、聚焦放大——写具体 正侧面描写结合、运用修辞手法、运用多种描写方法……——写生动	1. 归纳方法：读细节描写典型案例，归纳细节描写的方法。 2. 写作实践：在练习本上列出写作主题及能凸显该主题的相关细节，按要求描写一段细节。 3. 交流展示：学生交流展示习作，开展学生自评、互评。	1. 通过群文阅读和三个思考问题，学生探索归纳细节描写写具体、写生动的方法，自主建构关于细节描写的写作知识。 2. 通过写作实践，运用所学知识，形成自己的写作策略，提升写作能力。 3. 通过交流展示和评价，帮助学生逐渐发展关于写作的元认知。

续表

教学环节	教师活动	学生活动	设计意图
怎样描写细节	2. 写作实践：请学生回顾刚才的击鼓传花游戏，确定一个想表达主题，然后列出能突出这一主题的典型细节，运用刚才归纳的方法（至少一种），描写一段细节。 3. 交流展示：学生习作先在小组交流展示，然后每组推选 1 人在全班交流，并请组内 1 名同学点评。（点评角度：所写细节能否突出主题、运用了哪些方法来进行细节描写、细节描写是否具体生动等）。		
课堂小结	1. 请同学们谈谈本节课的疑问或收获。 2. 课堂小结： 细节描写的目的：突出特点或主题。 细节描写的基础：观察、感悟。 细节描写贵在精而不在多！观察是写作的源泉！ 希望同学们善于观察、用心感悟，做生活的有心人，发现生活中的精彩细节！ 3. 课后作业：观察生活中的一个人或一处景物、场景，运用细节描写的方法写一篇作文，主题自拟。	学生自由发言，谈谈本节课的疑问或收获。	1. 解答学生疑惑，交流学习收获，促进学生的学习反思。 2. 总结本节课的知识及注意事项。 3. 通过课后作业，巩固知识，运用知识。

（五）板书设计（略）

三、案例研讨

请结合所学内容，从课堂教学基本要素的角度分析案例 2。

活动三　实作与反思

活动提示：分组研讨课堂教学基本要素的相互关系。

一、研讨要求

基于活动二的案例，设置“教师与学生”“教师与教学内容”“学生与教学内容”“教师、学生与教学环境”等主题，将教学班进行合理分组，讨论课堂教学基本要素的相互关系。

二、课堂交流

每个小组选派一名代表就本组所讨论的议题进行交流发言，发言时间控制在3～5分钟。

三、课堂小结

任课教师根据各小组的发言作指导性点评。

推荐资源

[1] 王永玉. 基于教学要素的听评课维度构建[J]. 中学政治教学参考，2021（9）：36-38.

[2] 程良宏，赵建梅. 教学的文化实践属性：教学要素的视角[J]. 南京师大学报（社会科学版），2021（1）：47-57.

[3] 刘祥. 普通高中课堂教学要素关系探微[J]. 教学与管理，2018（7）：38-40。

任务二
理解教学模式

教学模式的转变与创新可以带动教学理念生命线的发生和发展。为帮助教师更好地理解课堂教学，进一步解决教学理论与教学实践相脱节的问题，应积极发挥教学模式对教师教学行为和深层教学结构的指导作用。本任务主要聚焦教学模式的构成要素、主要类型和教学模式的选择。

活动一 阅读与思考

活动提示：阅读下列内容，理解教学模式的构成要素、主要类型和教学模式的选择。

一、教学模式的构成要素

教学模式是连接教学理论和教学实践的桥梁，是当前基础教育阶段研究的热点话题。从静态上看，教学模式是一种教学理论结构，它揭示了某一教学活动所赖以建立的理论基础。从教学过程上看，教学模式是一种教学活动结构或教学程序，它揭示了某一教学活动各环节之间的内在联系。从教学实践上看，教学模式是一种教学方法系统，它揭示了与某一教学活动相适应的基本的教学策略或方法。[①] 教学模式不是固定不变的，而是不断发展变化的。一般来说，一个完整的课堂教学模式的构成要素有教学主题、指导思想、功能目标、实现条件、操作程序和效果评价。

（一）教学主题

教学主题即教学模式的名称。教学主题主导整个教学模式，支配教学模式的其他构成要素，控制教学模式的运行方向。教学主题既是独立的要素，又渗透或蕴含在其他要素中，其他要素都是依据教学主题要素而确立的。

① 万伟. 三十年来教学模式研究的现状、问题与发展趋势［J］. 中国教育学刊，2015（1）：60-67.

（二）指导思想

教学指导思想是建立教学模式的理论依据，一定的模式是在思想引领下出现的，任何教学模式都有一定的教学理论或教学思想依据，不同的教学理论或教学思想指导下会形成不同的教学模式。如程序教学模式以程序教学理论为依据，非指导教学模式以人本主义教育心理学为依据。

（三）功能目标

教学模式如果没有目标，其存在就没有任何价值。功能目标是教学模式所具有的功能和要达到的目标，是课堂教学模式的核心要素，在课堂教学模式的构成要素中居于重要地位，对其他要素具有制约作用，同时也是教学评价的标准和尺度。功能想要达到的是有效的课堂沟通、高效的知识传授和学生真正掌握的知识技能目标，目标主体是学生。如非指导教学模式的功能目标是培养学生的自我意识以及自我实现、自我教育的能力。

（四）实现条件

任何教学模式都有其实现条件，只有在特定的条件下才有效。实现条件就是支持系统，是课堂教学模式达到其功能和目标所需的各种条件，如教师、学生、教学内容、教学手段与方法、教学的时间和空间组合等辅助的外在条件和内在目的相契合的工具。实现条件为教师正确选择和运用合适的教学策略和方法提供支持。

（五）操作程序

操作程序即教学模式实施的教学环节或步骤，是为实现特定的教学目标，以一定的逻辑关系优化各种教学要素而形成合理教学结构的过程。操作程序确定了教学活动的先后顺序以及具体的教学流程，需要层层递进、由易到难。例如，我国传统的讲授式教学模式的操作程序包括组织教学、导入新课、讲授新课、巩固新课、布置作业五个步骤。

（六）效果评价

效果评价是课堂教学模式重要的构成要素，包括评价的标准、内容和方法。效果评价是对在该课堂教学模式下学与教所取得的效果进行评价，包括对学生学习效果的评价和对教师教学效果的评价。由于课堂教学模式的目标、操作程序和实现条件不同，效果评价的标准和方法也就不同。如果不同的课堂教学模式采用相同的标准和方法进行评价，那是不科学的。如罗杰斯（C. R. Rogers）的非指导教学模式规定主要实行学生自我评价，布卢姆（B. S. Bloom）的掌握学习教学模式采用诊断性测验、形成性测验和总结性测验三种形式。

二、教学模式的主要类型

近年来，随着教学实践的不断发展，人们对教学模式的探讨也逐渐深入。一些发达国家的教学模式对国内产生了很大影响，如斯金纳（B. F. Skinner）的程序教学模式、布卢姆的掌握学习教学模式、布鲁纳（J. S. Bruner）的发现学习教学模式、罗杰斯的非指导教学模式等。与此同时，我国的教育工作者在教学改革过程中结合我国的教学实际也陆续提出了多种教学模式，有的是国外教学模式在中国的具体应用，有的是多种教学模式的结合，还有的是教学模式的创新，如传递接受模式、引导探究模式、自学指导模式、翻转课堂模式、情境陶冶模式、示范模仿模式、主体性教学模式等。这里仅列举几种在实践中较为普遍运用的教学模式进行简要分析。

（一）传递接受模式

传递接受模式是我国中小学教学实践中长期普遍采用的一种最基本的教学模式。该模式把教学看作学生在教师指导下的一种对客观世界的认识活动。该模式的基本步骤是：激发学生动机—复习旧课—讲授新课—巩固运用—检查评价。该模式强调教师在教学过程中的主导作用，教师主要围绕教师中心、课堂中心和教材中心来组织教学。

传递接受模式的优点表现在：经济高效，通用性强，易于操作和掌控，能保证教师讲授的主动性、流畅性和连贯性，教师可以充分发挥主导作用。传递接受模式的不足之处是忽视了学生的主体地位，学生容易被动学习，出现死记硬背的现象。教师运用该模式需要注意四点：一是教师讲授的内容要有科学性、系统性和思想性；二是教师在讲授时具有启发性和形象直观性；三是教师语言要通俗易懂，便于学生理解和掌握；四是教师要注意讲授的语言艺术。

（二）引导探究模式

引导探究模式是一种以问题解决为中心，注重学生自主活动，着眼于创造性思维能力和意志力培养的教学模式。该模式的基本步骤是：提出问题—建立假设—拟定计划—假设验证—总结提高。该教学模式引导学生手脑并用，培养学生善于发现问题、分析问题和解决问题的能力，养成探究学习的态度和习惯，掌握探究学习的技巧。引导探究模式是课程改革所倡导的教学模式之一，它的优点表现在：一是以学生的自主性、能动性和创造性为基本特点，强调学生的主动建构，有利于学生探究能力和意志力的提高；二是强调教学过程的动态性、开放性和生成性，有利于提高学生发现问题、分析问题和解决问题的能力。引导探究模式的不足之处在于学生需要有一定的经验储备，才能找到解决问题的线索。教师运用该模式需要注意三点：一是师生处于协作关系，要求学生积极主动参与教学活动；二是师生需要认真思考所要研究的问题；三是教师要根据需要为学生提供探究所需的材料和场所。

（三）自学指导模式

自学指导模式是以学生自学为主，教师的指导贯穿学生自学全过程的一种教学模式。该模式以提高学生自学能力为主要目标，让学生主动参与学习，学会学习，形成自学的方法、能力和良好的学习态度。该模式的基本步骤是：提出要求—学生自学—讨论启发—练习运用—评价小结。教师的指导贯穿每一个环节，教师的职责由系统的讲授变为定向的指导与启发。自学指导模式的优点表现在能充分调动学生的积极性，有利于学生自学能力和习惯的培养，有利于教师因材施教，促进学生差异化发展。自学指导模式的不足之处是教师需要有的放矢地对学生进行辅导，否则，自学会导致学生放任自流。教师运用该模式需要注意三点：一是教师要教给学生阅读方法；二是教师要引导学生一边自学一边总结，养成自学习惯；三是教师要让学生自己归纳和概括知识，充分发挥学生的主观能动性。

（四）翻转课堂模式

翻转课堂模式起源于美国，该模式是将原本应该在课堂上讲授的知识，依靠视频技术转换到课下，学生提前学习讲课视频，在课下完成教学任务和学习活动，教师在课堂上进行答疑的一种教学模式。在翻转课堂中，课前，教师明确教学目标，设计问题，为学生提供资源，以便学生开展自主学习。课中，教师通过反馈，明确问题并逐步引导学生互动探究、合作学习。课后，学生进行反思分享，拓展提升。该模式重新调整了课堂内外的时间，将学习的决定权从教师转移到学生。该模式的基本步骤是：课下教师制作导学案—创建教学视频—学生自主预习和学习—教师了解学生预习和学习情况；课上合作探究—释疑拓展—练习巩固—自主纠错—反思总结。翻转课堂模式具有较强的针对性，更关注学习过程，同时也对教师提出了更高的要求。

三、教学模式的选择

任何一种教学模式最核心的作用，都是为实现教学目标和完成教学任务服务的。教学模式的实质是把教师、学生、教学内容以及教学环境有效地连接起来，使这些基本要素能够在教学过程中充分地发挥各自的功能和作用，实现预期的教学目标，达到预期的教学效果。具体来说，课堂教学模式的选择，应该依据和考虑下列因素。

（一）根据教学目标选择教学模式

一般来说，教学目标不同，所采用的课堂教学模式也应该不一样，教师选择教学模式时必须要考虑这种模式是否有利于教学目标的实现。针对不同的教学目标，教师必须要选择相应的教学模式。例如，为了让学生自己通过独立工作去发现问题、解决问题、得出结论，教师可以选择引导探究模式，即教师首先创设问题情境，再由学生提出假设或答案，之后在教师的指导下学生检验假设，最后在验证评估的基础上得出结论。为了让学生获得新的知识，教师可以选择传递接受模式，通过讲述等方法帮助学生建立新的知识体系。

（二）根据教材内容特点选择教学模式

不同学科的教材，要采用不同的教学模式进行教学，这不仅是由于不同学科内容本身所特有的抽象性或形象性的特点，而且学生在学习不同学科内容时的心理过程存在差异。例如，语文教材是一种表达性教材，主要内容是人类创造出来的知识和情感，具有人文性，对于语文教学而言，教师采用情境陶冶模式的教学效果相对较好；信息技术、物理等学科的教材内容主要是对实践操作过程的技术性说明，结构比较严谨、逻辑性强，教师可以采用引导探究模式。因此，教师在传授不同性质学科的教材内容时，一定要选择适合该学科的教学模式。即便是同一学科，在传授某些具体、特定的教材内容时，也要采取与教材内容相适应的教学模式。因为任何学科都是由多方面内容构成的体系，在这一体系中，不同的内容具有不同的内在逻辑和特点，适合不同的教学模式。

（三）根据学生实际选择教学模式

教师要根据学生的生理特点、心理特点、学习兴趣、现有知识水平等学生的实际情况，预测学生学习时可能出现的困难和问题来选择教学模式。例如，程序教学模式要求学生对所学知识要有一定的知识基础、自学方法和思维方法，教师如果在小学低学段采用这种教学模式就不合适。

（四）根据教学环境选择教学模式

这里所说的教学环境，主要是指学校教学设备条件（实验仪器、实验设备、图书资料等）、教学空间条件（教室、场地、实验室、活动室等）和教学时间条件等。教学环境状况对教学模式的选择有着一定的制约作用，特别是现代化教学手段的充分运用，会更进一步地拓展教学模式的功能和适用范围。教师选择教学模式时，要在时间条件允许的情况下，最大限度地运用和发挥学校教学设备和教学空间条件的功能与作用。例如，有的教学模式虽然能较好地达成教学目标，但需要花费很多教学时间，在教学时间紧张的情况下，教师就可以考虑放弃这种教学模式。

（五）根据教师自身素质选择教学模式

教学模式的选择还要考虑教师自身的学识、生理、心理及情感条件，考虑教师自身对各种教学模式的掌握和运用水平。有些教学模式虽然好，但教师如果不能正确使用，就不能在教学中产生好的效果，甚至可能起到适得其反的作用。教师个性上的不同特点，也会影响其对教学模式的使用。如有的教师擅长运用生动的语言表述，可以把问题描绘得形象、具体，由浅入深地讲清道理；有的教师则擅长运用直观教具，通过直观演示来讲理论，做到“此时无声胜有声”。不同特点的教师在教学模式的选择上，优先考虑的重点应是不同的。擅长用生动语言表述的教师可以首选传递接受模式，擅长运用直观教具的教师可以优先选择情境陶冶模式和示范模仿模式。教师要根据自身的素养和条件，扬长避短，发挥个人优势，选择与自身特点相适应的教学模式。

活动二　案例与评析

活动提示：请结合教学设计案例，分析该案例所采用的教学模式。

一、案例简介

本案例是西南大学附属中学崔宏晶老师的教学设计，该作品在2016年重庆市中学数学专业委员会学术年会上交流且荣获一等奖。这是一堂初一年级数学课，课题名称是“因式分解”。崔老师将本课分为课前设计、课堂设计、课后练习以及总结反思和评价四个部分。其中课前设计包括创设学习情境、探究知识、课前练习三个环节，课堂设计包括合作探究和实战演练两个环节。

二、案例呈现

（一）教学目标

1. 能灵活运用因式分解的方法和思维去解决一元二次方程的问题，认识“降次”的数学思想方法；

2. 通过因式分解法的应用，提升数学理论的应用意识。

（二）教材及学情分析

因式分解是进行代数式恒等变形的重要手段之一，因式分解是在学习整式四则运算的基础上进行的，它不仅在多项式的除法、简便运算中有直接的应用，也为以后学习分式的约分与通分、解方程（组）及三角函数式的恒等变形奠定必要的基础。因此，学好因式分解对于代数知识的后续学习是相当重要的。由于本节课后将学习提取公因式法、运用公式法、分组分解法来进行因式分解，这些都需要以理解因式分解的概念为前提，所以本节课的重点是因式分解的概念。由整式乘法寻求因式分解的方法是一种逆向思维过程，而逆向思维对初一学生还比较生疏，理解起来有一定难度。

（三）教学重难点及教学方法

1. 教学重点：用因式分解法解一元二次方程。
2. 教学难点：发现并理解因式分解法的数学思想。
3. 教学方法：讲授法、练习法和探究法。

（四）教学设计

表1-2 “因式分解”教学设计

教学环节		教师活动	学生活动	设计意图
课前设计	创设学习情境	同学们，我们在之前的一堂课中学习了配方法和公式法来解一元二次方程的问题，下面希望同学们可以回忆一下这两种方法，并以此来对下面的方程进行处理： $4x^2+16x=0$（配方法） $3x^2-15x=0$（公式法） 下面，请暂停视频，并开始计时1分钟。时间到之后，教师引导学生去对该方程进行观察：方程之中是否存在常数项？是否各项之间存在共同因式？除此之外，还有什么？	观看视频并回忆方程处理方法	观看视频将学生带入课堂，回顾以前学习的解一元二次方程的两种方法来解新的方程并进行分析，锻炼学生灵活运用知识以及归纳总结新方法的能力。

续表

教学环节		教师活动	学生活动	设计意图
课前设计	探究知识	之前已经对上述的方程进行了简要的分析，因为两道方程均具有公因式，当进行分解因式之后，会得到什么样的式子呢？而这是否能成为一种规律来指导今后的解题呢？ 因此，上面两个方程可以分别表示为： $4x(x+4)=0$ $3x(x-5)=0$ 因为两个因式的乘积等于0，则至少其中一个因式要等于0，也就是说，方程一为 $4x=0$，或者 $x+4=0$；而方程二则为 $3x=0$ 或 $x-5=0$。	领悟当 $4x$ 或者（$x+4$）、$3x$ 或者（$x-5$）这两个因式等于0时，就可以求出所需的方程的解。	通过引导学生对问题进行自我解答，引导学生进行正确的理解和分析：上面的两个方程中，虽然都可以利用配方法和公式法来进行求解，但是经过对两个方程的观察，不难发现其均没有常数项；存在公因式 x，是否可以利用因式分解的方法来进行解答。
		从上面的两个方程中不难看出，其中的解决方法都不需要通过开平方来进行“降次”，而是通过因式分解来将方程转化为两个一次式的乘积为0的形式，即其中任意一个一次式为0，从而实现“降次”的目标。因此，这也使得我们可以进行联系：	观察总结出因式分解法。	进一步帮助学生更好地理解新课内容。
		当一元二次方程的一边为0，而另一边易于分解成两个一次因式的乘积时，让这两个一次因式分别等于0，得到两个一元一次方程，从而可以求出方程的解，这种解一元二次方程的方法称为因式分解法。		通过对特殊方程的处理来观察总结出因式分解法，学生通过自己思考逐步得出这种方法，体验数学中的逻辑思维，增强数学学习的信心。
	课前练习	练习题： $7x^2+14x=0$； $(x+11)(x-23)=0$； $x^2-625=0$； $16x(3x-7)=9x-21$	做练习题目	通过题目对前面所学知识进行巩固，培养学生在题目中的实际运用能力。

续表

教学环节		教师活动	学生活动	设计意图
课堂设计	合作探究	对学生进行分组并讨论解答下列问题： 问题一：用因式分解法解方程时，需要注意什么？ ① 用因式分解法解方程的条件：方程左边易于分解，而右边等于零； ② 要熟练掌握因式分解的知识； ③ 因式分解法解方程的依据是“如果两个因式的积等于零，则至少有一个因式等于零。” 问题二：因式分解法解方程的一般步骤是什么？ ① 整理方程使其右边为 0； ② 分解方程左边使其成为两个一次因式的乘积； ③ 令两个因式分别等于零，得到两个一元一次方程； ④ 解这两个一元一次方程； ⑤ 写出方程的解 x_1，x_2。	按照 5～7 人为一组的模式组成合作小组，通过小组交流、合作以及自主探究的方式来对所提出的问题进行解答。	因为在课前学生和教师已经通过视频的方式对因式分解的方法进行了初步的学习，同时学生在课后的练习与交流中应当具备了一定的因式分解法应用能力，此处将学生进行分组讨论解答问题，提升了学生交流、合作、自主探究等能力。
	实战演练	希望同学们运用前面所学习的内容做下面的练习题，并进行相应的思考 $11x^2+33x=0$； $(x+17)(x-37)=0$； $x^2-121=0$； $2x(4x-7)=8x-14$。 拓展题： 一元二次方程 $(t-1)x^2+3tx+(t+4)(t-1)=0$ 有一个解为 0，求 t 的值？	对下面的四个方程进行求解，并分别思考和总结其中的思路和步骤。思考解决拓展题。	学生通过之前的学习，相比前面的探究思考，大家已经掌握本节课的基本知识点和理论。但是要更好地掌握仍旧需要经过不断的练习和拓展，通过练习来达到更上一层楼的目的。
课后练习		教材上的课后练习题	学生通过查收教师发布的作业，课下进行练习回顾，巩固课上学习的知识。	教师通过发布作业，及时查收学生的作业情况并反馈给学生。
总结反思和评价	经过本节课的学习之后，学生不仅需要对相应的规律进行总结和归纳，还需要对小组活动进行总结，并按照相应的标准对自己进行评价。			

三、案例研讨

请结合上面的教学设计案例，分析该案例所采用的教学模式。

活动三 实作与反思

活动提示：基于下列主题进行分组研讨。

一、研讨要求

基于“传递接受模式”“引导探究模式”“自学指导模式”“翻转课堂模式”等教学模式的特点，将教学班进行合理分组，研讨所选教学模式的优缺点，并形成主题研讨报告。

二、课堂交流

每个小组选派一名代表就本组所研讨的主题进行交流发言，发言时间控制在3～5分钟。

三、课堂小结

任课教师根据各小组的发言情况作指导性点评。

推荐资源

[1] 郭绍青，高海燕，华晓雨.“互联网+”单元教学模式设计理论研究[J].电化教育研究，2022(6)：104-114.

[2] 徐扬.塑造高中“整体育人”价值的创新教学模式探索[J].中国教育学刊，2021(12)：16-21.

[3] 胡定荣.论教学模式的校本学习指导转向[J].教育研究，2020，41(7)：75-83.

任务三 理解教学互动

教学互动是师生双方共同参与到课堂教学中，在传播和获取知识的过程中相互促进、共同进步的动态过程。教学互动的主要目的是激发学生的学习兴趣。本任务聚焦教学互动的基本特征、主要类型和实施教学互动时需注意的方面。

活动一 阅读与思考

活动提示：阅读下列内容，理解教学互动的基本特征、主要类型和实施教学互动时需注意的方面。

一、教学互动的基本特征

教学互动思想是随着以学生为中心的改革思想而产生的，孔子在教学实践中采用提问、座谈和讨论等方式让学生产生学习兴趣和保持良好的精神状态。孟子在教学中重视“自得”的教学思想，提倡主观能动性。墨家把教学视为教师与学生相应相助的共同活动过程。教学互动不仅是知识和信息的传递，同时还包含了思想和情感的融合，是一种特殊的社会互动形式。教学互动指的是调动参与课堂教学过程的各个要素，围绕教育教学目标的实现，形成彼此间良性的交互作用。[①] 教学互动包含三方面的内容：一是师生之间相互学习，形成真正的学习共同体。师生关系是平等而民主的，整个课堂教学过程是师生共同开发、探讨、丰富课程的过程；在教学互动中，学生充分展现自己的个性，发挥创造能力。二是师生之间通过知识、技能、过程、方法、情感、态度、价值观等信息的交流，相互沟通，相互影响，相互补充。教学过程也就成为学生发现问题、提出问题、解决问题的过程。三是师生之间共同参与，相互作用，形成合力，提高课堂效率，达成教学的最优化，创造性地实现教学目标，促进学生的主动发展。教学互动具有以下四个基本特征。

---

① 钟启泉. 课堂互动研究：意蕴与课题［J］. 教育研究，2010(10)：73-80.

（一）教学对象的主体性

教学互动的主旨在于培养和发展学生的主体性。教学互动强调启发式帮助和引导，强调教师教学行为的转变，突出培育学生发展核心素养，促进学生全面发展与成才。通过激发学生内在的精神需求，启发、帮助和引导学生形成主体意识、主体能力和主体人格，最大限度地提高学习的积极性，学会学习、学会思考、学会研究和学会生活，把学生培养成拥有适应终身发展和社会发展需要的必备品格和关键能力的社会主体。学生的这一主体功能在教学互动中可以充分实现。

（二）教学内容的生成性

在传统的课堂教学中，教师教学一般都是基于教科书展开的，很少有教师可以创造性地使用教材。而教学互动追求教学的真实、自然，强调动态生成，强调及时捕捉那些无法预见的教学因素、教学情景等信息，利用可生成的资源开展教学。其教学过程不是书本知识的忠实传递，而是将教科书上的知识、学生原有的知识和教师的知识进行整合，经过思维碰撞，促进知识生成，从而内化到学生的情感体系和认知结构中去。

（三）教学方式的交互性

教学互动注重不同群体之间信息的多维互动，即信息发送、接收、理解、加工不全是教师对学生或学生对学生的单维度的、线性的影响，而是师生间、生生间双向的知、情、意、行交互作用的过程。这里的信息不只是学科知识，还包括兴趣、情感等要素。教师的作用就表现在对教学信息的选择、加工和激活，引导学生参与学习活动，共同塑造一个“教学文本”，通过与“教学文本”的对话和精神共享，促进学生的自我建构和自主发展，实现师生共同探索、教学相长。

（四）师生人格的平等性

在教学互动中，教师以平和的心态帮助学生选择信息、追求知识、培养能力、创造发展，以一名首席学习者的身份，参与到学习活动中，与学生共享知识并获得情感体验。师生之间形成人格上的平等，由知识、经验的授受关系变成朋友式的对话与磋商关系。师生之间平等的对话、彼此的沟通和真诚的交流，使互动的课堂形成和谐、民主的氛围。当师生人格平等的时候，学习个体才会形成心理上的自由和宽松，互动双方才可能向对方敞开心扉，彼此进入对方的内心世界。

二、教学互动的主要类型

教学互动可以分为若干种类型，不同类型的教学互动对于每一个学生个体来说，具有不同的价值。依据教学互动的行为主体不同，教学互动可以分为 6 种类型，详见表 1–3。

表 1–3　教学互动的主要类型

互动类型	基本描述	使用场域
教师个体与学生群体互动	教师行为指向全班或某一小组学生群体的师生互动	组织教学、课堂讲述、课堂提问、课堂讨论和课堂评价
教师个体与学生个体互动	教师行为指向班上的某一学生个体的师生互动	课堂提问与应答、口头表扬与批评以及个别辅导 、眼神交流
学生个体与学生个体互动	学生与学生之间的互动	学生自主学习、同伴交流、小组讨论
学生个体与学生群体互动	某一学生个体向全班或某一小组学生群体的互动	学生个体与学习伙伴之间彼此争论、相互交流、相互学习
学生群体与学生群体互动	学生群体与学生群体之间的互动	学生群体之间彼此争论、相互交流、相互学习
学生自我互动	学生自己与自己交流，学生主我与客我之间的互动	师生互动 、生生互动之后的自我总结与反思

三、教学互动需要注意的方面

教师在课堂教学中进行教学互动时，需要注意以下四个方面。

（一）精心设计问题

在设计问题时，教师需要基于教学目标，全面考虑学生的思维水平、认知程度和学习能力等因素。教师凭借教学目标，利用教科书中固有的知识，以新旧知识的联系或冲突引发学生的求知需求，实现互动。教学目标最好是在教学情境中引导学生自己生成，并能刺激学生对所学学科的兴趣，产生强大的内驱力，激发学生主动积极地学习与探索。问题往往产生于学生难以理解、不熟悉的概念与知识，如果教学中学生感觉不到问题的存在，学习就只能停留在表层和流于形式。

（二）把握互动时机

教师要注意设问的时机，体现出针对性和实时性，否则互动将失去作用。一个适时的问题可以激发学生探索的兴趣和热情。教学互动把探索视为核心环节，采用启发、引导和点拨等方法，使学生在积极参与中对一些比较抽象、难以理解的问题，进行独立思考、主动探索和自由表达，激发学生思考和探索的兴趣，发散思维，迸发创造的火花。

（三）提供回应方式

教学互动大多采用小组讨论方式。教师要求学生全员参与，围绕中心议题，互相启发，交换各自的观点，可进行提问和辩论。学生之间的任何想法都应受到尊重，教师要尽可能让学生自己作出解释，学生要学会在聆听中交流想法，在沟通中达成共识。教师可采用启发与点拨的方法，引导学生主动地探索与发现、思考与表达，充分展示自主学习中知识建构的成果，发展思维的深刻性与广阔性、灵活性与创造性。教师不要心存顾虑而越俎代庖，学生能够说清楚的问题就让他们自己去说，说不清楚时也不要急于打断他们的思路，要学会倾听，只有倾听才能了解学生真实的体验和学习状况。教师不能过高要求学生的表达，否则，容易扼杀学生的学习积极性与主动性，难以让学生体验到学习的自信和成功的快乐。

（四）及时总结和评价

总结的目的是对教学内容进行概括、归纳，使教学内容作为一个有机的知识体系纳入学生的认知结构中。总结应体现所学内容的逻辑联系和内在结构，突出学习的重点、难点，理顺知识，培养学生的学习能力，使课堂教学有一个完美的结局。精彩的总结可以让学生走出课堂继续探索，使学习热情保持并延续下去，形成新的学习动机。总结不能由教师包办，应提倡让学生自我小结，促使学生开动脑筋，发挥学习的积极性和主动性。对有争议的问题教师还要做好课后研究、探讨及辅导。为保证教学互动的完整性，教师既要对教学活动进行小结，又要对学生的学习情况作出方向性评价，注重基于核心素养目标的综合评价。

活动二　案例与评析

活动提示：观看课堂教学实录案例，整体感知课堂教学互动，分析课堂教学互动效果。

一、案例简介

本案例是西南大学教师教育学院硕士研究生彭靖萱的教学视频，该作品曾参加2022年全国“田家炳杯”全日制教育硕士学科教学（英语）专业教学技能大赛，获得一等奖。这是一堂读写课，课例名称是《Franklin's Experiment: How Much is True?》，内容选自外语教学与研究出版社高中英语第三册第四单元。彭老师先以猜谜游戏导入本课主人翁本杰明·富兰克林，再引导学生观察教材上富兰克林做实验的图片来猜想语篇的 when，who，how 和 what。学生在阅读中验证猜想，利用图形组织器梳理文章框架和细节内容。通过阅读，学生了解到富兰克林的实验受到了众多科学家的质疑，并不完全可信，从而得出勇于求真的科学精神，并进一步总结出了质疑固有观念的相关方法。最后，学生在理解文本的基础上进行小组讨论，梳理写作框架，就文章最后一段的内容撰写评论。

二、案例呈现

教学视频：Franklin's Experiment: How Much is True?

三、案例研讨

针对课堂教学实录案例，以小组为单位进行结构化研讨，分析课堂教学互动效果。然后再依次进行分组汇报与展示、小组代表互评分享和教师反馈与总结。

活动三 实作与反思

活动提示：根据所提供的材料，设计一个课堂教学互动片段。

一、阅读材料

《荷塘月色》（摘录）[①]

朱自清

这几天心里颇不宁静。今晚在院子里坐着乘凉，忽然想起日日走过的荷塘，在这满月的光里，总该另有一番样子吧。月亮渐渐地升高了，墙外马路上孩子们的欢笑，已经听不见了；妻在屋里拍着闰儿，迷迷糊糊地哼着眠歌。我悄悄地披了大衫，带上门出去。

沿着荷塘，是一条曲折的小煤屑路。这是一条幽僻的路；白天也少人走，夜晚更加寂寞。荷塘四面，长着许多树，蓊蓊郁郁的。路的一旁，是些杨柳，和一些不知道名字的树。没有月光的晚上，这路上阴森森的，有些怕人。今晚却很好，虽然月光也还是淡淡的。

路上只我一个人，背着手踱着。这一片天地好像是我的；我也像超出了平常的自己，到了另一个世界里。我爱热闹，也爱冷静；爱群居，也爱独处。像今晚上，一个人在这苍茫的月下，什么都可以想，什么都可以不想，便觉是个自由的人。白天里一定要做的事，一定要说的话，现在都可不理。这是独处的妙处，我且受用这无边的荷香月色好了。

曲曲折折的荷塘上面，弥望的是田田的叶子。叶子出水很高，像亭亭的舞女的裙。层层的叶子中间，零星地点缀着些白花，有袅娜地开着的，有羞涩地打着朵儿的；正如一粒粒的明珠，又如碧天里的星星，又如刚出浴的美人。微风过处，送来缕缕清香，仿佛远处高楼上渺茫的歌声似的。这时候叶子与花也有一丝的颤动，像闪电般，霎时传过荷塘的那边去了。叶子本是肩并肩密密地挨着，这便宛然有了一道凝碧的波痕。叶子底下是脉脉的流水，遮住了，不能见一些颜色；而叶子却更见风致了。

月光如流水一般，静静地泻在这一片叶子和花上。薄薄的青雾浮起在荷塘里。叶子和花仿佛在牛乳中洗过一样，又像笼着轻纱的梦。虽然是满月，天上却有一层淡淡的云，所以不能朗照；但我以为这恰是到了好处——酣眠固不可少，小睡也别有风味的。月光是隔了树照过来的，高处丛生的灌木，落下参差的斑驳的黑影，峭楞楞如鬼一般；弯弯的杨柳的稀疏的倩影，却又像是画在荷叶上。塘中的月色并不均匀；但光与影有着和谐的旋律，如梵婀玲上奏着的名曲。

---

① 朱自清. 朱自清选集［M］. 北京：人民文学出版社，2004：88-90.

二、设计要求

以小组为单位，在讨论的基础上设计一个课堂教学互动片段。学生层次自定，配合教学内容适当板书，教学过程需有提问环节，试讲时要体现师生互动。

三、方案展示

步骤 1：小组代表分享与展示。

步骤 2：小组代表互评分享。

步骤 3：教师反馈与总结。

推荐资源

[1] 程明进，冯军. 探寻互动教学真谛 走出教学互动误区 [J]. 中学政治教学参考，2022（30）：48−49.

[2] 朱京曦. 智能时代教学互动的内涵回归[J]. 中国远程教育，2021(3)：45−52.

[3] 黄威荣，吴贤琼，郝羽秋. 智能教室环境中互动行为的变革与分类 [J]. 教学与管理，2021（7）：1−3.

项目二
教学组织能力

教师是教学活动的组织者。为了完成教学活动、达成教学目标，教师应该具备较强的教学组织能力。教师在设计教学方案、组织教学活动和激发学生参与等教学环节中表现出来的能力素养是教学组织能力的重要组成部分。教师教学组织能力的形成需要从理论和实践出发进行针对性培养。为此，本项目将围绕设计教学方案、组织教学活动和激发学生参与三个任务进行理论学习和实践训练。

任务一
设计教学方案

凡事预则立，不预则废。优质的教学设计是教师开展高质量教学的关键。新的教学理念强调教学的生成性，而教学的生成性并不是随心所欲的自然生成，而是建立在规范的教学设计之上的。具体来说，教学的生成性是教师根据课堂中的互动状态及时调整教学思路和教学行为的教学形态，是一种需要规则，但在适当的时候又敢于放弃规则并适时调整的教学形态。为此，教师应该理解教学设计的内涵和价值，掌握教学设计方法，能够根据具体的教学内容和教学对象设计出合适的教学方案。

活动一 阅读与思考

活动提示：阅读下列内容，理解教学设计的内涵，认识教学设计的功能，掌握教学设计的方法。

一、教学设计的内涵

教学设计是教学工作的计划和实施方案。对于教学设计的具体内涵，不同的教学观和角度具有不同的定义。盛群力认为，教学设计实质上是对教师课堂教学行为的一种事先筹划，是对学生达成教学目标、表现出学业进步的条件和情境做出的精心安排。[①] 这个定义强调了教学设计的规划性，即教学设计是对教学做出的安排。史密斯（P. L. Smith）和雷根（T. J. Ragan）在《教学设计》中对教学设计给出的定义为：教学设计是指把学习与教学原理转化成对于教学材料、活动、信息资源和评价的规划这一系统的、反思性的过程。[②] 这个定义强调了教学设计的生成性和反思性。2004年12月，教育部颁布了《中小学教师教育技术能力标准（试行）》，该文件对教学设计的定义是：教学设计又称教学系统设计，是指主要依据教学理论、学习理论和传播理论，运用系统科学的方法，对教学目标、教学内容、教学资源、教学方法、教学评价

① 盛群力. 教学设计［M］. 北京：高等教育出版社，2005：4.

② 郑太年. 学习科学与教学变革［M］. 上海：上海教育出版社，2019：70.

等教学要素和教学环节进行分析、计划并作出具体安排的过程。

按照现代教学观，教学设计具备六个特点[①]:第一，教学设计以学习者为中心。虽然教师实施教学设计、开展教学活动，但是教学的核心是促进学生的学习，因此，教学设计应该以学习者为中心。第二，教学设计是以目标为导向的。所有的教学设计都是基于具体的教学目标开展的，教学目标本身也是教学设计的组成部分。第三，教学设计关注有意义的行为表现。第四，教学设计假定学习结果是可以用可靠而有效的方式来测量的。也就是说，教学设计的行为与评价要相互统一，这样才能保证教学意图的实现。第五，教学设计是经验性的、不断反复的、自我纠正的。第六，教学设计是典型的团队任务。

教学设计具体包含教学目标设计、教学内容设计、教学资源设计、教学方法设计和教学评价设计等内容。由于本书后续内容中会涉及教学资源和教学评价两个方面，为避免重复，本项目将围绕教学目标设计、教学内容设计和教学方法设计三个方面展开。

二、确定教学目标

（一）教学目标的概念

在《现代汉语词典》（第 7 版）中，目标有两层意思：一是射击、攻击或寻求的对象；二是想要达到的境地或标准。教学目标是需要通过教学活动实现的目标，即教学想要达到的境地或标准。从这一角度来说，教学目标是一个主观性范畴，较之于客观性教学范畴的研究更显现出多元化视角和多样性表述。也就是说，不同的情境下，不同的教学者可以制订不同的教学目标，比如可以将苏格拉底（Socrates）的“认识你自己”看作他的教学目标。

随着教学研究的发展，教学目标的相关研究也越来越深入，并形成了教学目标的理论体系和实践体系，形成了教学目标的多种界定。例如，莫雷认为，教学目标是关于教学将使学生发生何种变化的明确表述，是指在教学活动中所期待得到的学生的学习结果。[②]一些学者通过对教学目标的研究，还提出教学目标应该清晰地表述通过教学使学生发生的变化。我们认为，教学目标是对学习者在教学后应该表现出来的可见行为的具体、明确的表述，是师生预期达到的学习结果和标准。教学目标是教学功能得以实现的主要路径，关乎教学内容的选择、实施与评价的发展方向，为教师的“教”指明方向，为学生的“学”提供修正与反馈。李保强认为，教学目标体系包括内容的空间

---

① 瑞泽，邓普西. 教学设计和技术的趋势与问题［M］. 王为杰，等译. 上海：华东师范大学出版社，2008：18.

② 莫雷. 教育心理学［M］. 北京：教育科学出版社，2007：312.

序列、过程的时间序列、项目的领域序列和结果的水平序列，是一个多维共生的复杂立体结构模型。[①]

（二）教学目标的特点

分析教学目标的特点有助于形成对教学目标更全面和更深入的认识。分析发现，教学目标具有预期性、系统性、层次性、可行性、灵活性、生成性等特点。

1. 教学目标的预期性

教学目标是师生在教学活动中预期达到的教学结果，也就是说，在教学活动之前即预见到教学活动可能促使学生身心方面发生哪些变化。教学目标以学生的发展现状为基础，但又超越其发展现状，是经过努力可以达到的要求。布卢姆认为，有效的教学始于教师知道希望达到的目标是什么。预期要达到的教学目标是否明确、具体、科学，直接影响教师的教学实践是否有成效。

2. 教学目标的系统性

教学目标是一个由若干具体目标组成的系统，具体的教学目标之间构成一个有机联系的网络。组成教学目标系统的各具体教学目标都不是孤立的。在实践各具体教学目标时，应该将其放到整个教学目标系统中来确定其地位及价值。因此，正如布卢姆所说，教学的艺术在于：把一个复杂的最终产物，分解成按照某种顺序排列的独立的组成部分。教授任何一种事物，便是在向着终极目标前进时，一面记住所要达到的最终模型，一面集中力量走好每一步。教学目标的系统性与可分解性是辩证统一的。

3. 教学目标的层次性

教学目标系统内部的各具体目标并非处在同一个层面上，而是层次分明、连续递进的。较低层次的教学目标是较高层次的教学目标的分解或具体化，较高层次的教学目标的实现以较低层次的教学目标的实现为基础。各项教学目标的实现，都要遵循由易到难、由简到繁、逐级向上的发展规律。当教学达到某一目标时，便为实现高一级的目标打下基础，并向终级目标逼近一步。越过较低层次的教学目标而直接实现较高层次的教学目标，是不现实的，难以取得理想效果。

4. 教学目标的可行性

一般来说，教学目标清晰、明确、具体、可行，有利于其在实践中顺利达成。经验表明，人们在确定目标时，除了考虑目标的价值外，还要考虑目标实现的概率。若达成的可能性很大且易于操作，人们就会努力促成目标的实现，使目标的潜在作用得到最大限度的发挥；若目标笼统且难度很大，达成的概率微乎其微，人们便会望而生畏、知难而退，目标本身也便失去了应

① 李保强. 教学目标体系建构的理论反思［J］. 教育研究，2007（11）：53-57.

有的价值。因此，教学目标必须具有可行性和现实性。

5. 教学目标的灵活性

教学目标可以因校、因课、因班制宜，由教师根据具体教学实际编制，内容水平可以有一定的弹性。教学目标的灵活性使它的编制工作成为一种艺术。教学目标的灵活性是由教学活动的复杂性决定的，同时又为教师创造性地开展教学工作提供了机会。灵活的教学目标能更好地适应学生的学习特点，使学生通过教学目标的实现获得相应的身心发展，具有不容忽视的重要意义。

6. 教学目标的生成性

教学目标是对教学结果的一种预测，这种预测并不是一成不变、固定僵化的，而是对教学结果有大致的预测框架并保留一定的生成空间。教学过程是具体的、鲜活的，在这个过程中充满着诸多的不确定性，有很多预想不到的事情会发生，这也正是教学目标生成的过程。

（三）教学目标的功能

教学目标是教学活动中预期达到的学习结果，统领教学诸要素，是教学活动展开的起点，也是教学活动的归宿和检验教学效果的标准。具体来说，教学目标具有如下五个方面的功能：

1. 指导教学过程的导向功能

教学目标是一个预期结果，指引着教学过程的实施方向，使教学中的师生活动有明确的共同指向，避免教学的盲目性。

2. 指导教学效果测量的评价功能

在教学过程中和教学结束后，需要对教学效果进行测量与评价，教师需以教学目标作为科学评价的依据。

3. 指导教学策略选择和运用的功能

教学策略是为了完成教学目标而设计的，一旦明确了教学目标，也就大致明确了课堂教学的开展需要选择怎样的教学策略。因此，教学目标对于教学策略的选择和运用有着重要的导向作用。

4. 指引激励学生学习的功能

在教学过程开始时，教师明确告诉学生教学目标，学生就可以围绕教学目标进行学习，找到学习的重点和难点。这也就更容易激发学生学习新内容和达到教学目标的学习动机，调动学生的学习主动性和积极性。

5. 促进教学管理的功能

有明确目标的管理通常被称为目标管理。[①] 教师对教学目标的理解和把握显然直接影响教学管理。教学目标的清晰度越高，管理的自觉度就越高；教学目标的整体与局部越协调，实施教学管理就越有条不紊。有明确教学目

① 张楚廷．学校管理学［M］．长沙：湖南师范大学出版社，2000：28.

标的教学管理与无明确教学目标的教学管理是大不一样的。没有明确教学目标的教学管理具有盲目性，会导致教师在教学过程中头痛医头、脚痛医脚、治标不治本。

（四）教学目标的设计

教学目标的设计主要按照四个步骤进行，依次是明晰课程标准要求、分析学情、分析教学内容、表述教学目标。

1. 明晰课程标准要求

课程目标是课程标准的重要组成部分，所以在建构教学目标时，教师首先要分析课程标准。课程标准的结构包括：课程性质、课程理念、课程目标、课程内容、学业质量、课程实施等。在建构课堂教学目标之前，教师应结合这六个模块的相关内容，梳理课程标准关于本课程在目标、内容、实施、评价等方面的总体要求和建议，更加全面地把握学科的育人目标及地位，避免以知识目标作为学科培养人的全目标。

2. 分析学情

教学目标是教师通过教学使学生能达成的预期学习结果，也是学生的学习目标。因此，建构合理的教学目标离不开对学生基本情况的分析，包括：分析学生的学习需求，确定学习起点；分析学生在学习本课之前已经具备的知识与能力、学生已有的与本节课程相关的学习经验；分析学生的学习心理差异，如学习态度、智力、学习风格等特征；分析学生的年龄差异，如学习兴趣、学习需要、学习潜能、注意与情绪等方面的年龄特征；分析学生学习本课可能存在的困难与对策。

3. 分析教学内容

课程标准分析让教师从宏观层面上理解学科育人的理念和目标，接下来教师就需要从中观层面上对一本教材进行分析。教材是教师教学的主要依据和学生学习的主要资源，是实现课程目标的手段，包括能用于教学活动的所有材料，可看作为学习者提供的有计划的经验，主要是指各个学校采用的教科书。教材分析首先应分析教材的体系结构，弄清教材的编写背景、主要内容、结构顺序及特点。其次，分析教材在知识、技能、情感等方面的教育功能。最后，分析教材的单元结构，每个单元内容在教材体系中的地位、作用及各个单元间的相互关系。教师只有全面深入地分析教材，才能不拘泥于教材，确定教学的主要目标，把握教学的重点和难点，合理地重新组织教材，促进学生的学习。

4. 表述教学目标

教师在明晰课程标准要求、分析学情和教学内容之后，接下来就是确定教学目标，并清晰地表述出来。要注意的是，教育发展对教学目标的认识和基本要求也在发生变化。在我国，教学目标经历了从行为目标到三维目标，再到核心素养目标的过程。不同的目标体系包含的内容不一样，所以确定教学目标应依据使用的目标体系。在当前的核心素养目标体系下，教学目标应该以核心素养及学科核心素养为指引，将核心素养的培养要求与具体的教学内容结合起来。

在确定教学目标时应遵循 SMART 原则，如图 2-1 所示。该原则要求在确定教学目标时，要保证教学目标是具体的（S），清晰明确；教学目标是可衡量的，有明确的衡量标准（M）；教学目标是学生通过学习可以达到的，符合学习者的最近发展区（A）；教学目标与其他目标之间是相互有联系的（R）；教学目标具有时间限制，应该明确界定教学目标达成的时间（T）。

SMART原则：
- S=specific具体的
- M=measurable可衡量的
- A=attainable可达到的
- R=relevant与其他目标有相关性
- T=time-bound时间限制

图 2-1　SMART 原则

教学目标的表述有多种方法，其中普遍采用的是 ABCD 阐述法。ABCD 阐述法反映了行为主义的观点，行为主义强调用可观察或可测量的行为来描述教学目标，强调用行为术语来描述学习目标。该方法认为，明确的行为目标主要包括四个方面：一是教学对象（audience，A），在教学中指学生。教师在确定教学目标时要注意描述的行为目标的主体是学生，而不是教师，所以规范的行为目标的开头应该是“学生能……”。二是行为（behavior，B），是教学目标中最基本的成分，说明学生通过学习所能够完成的、特定的、可观察的行为及其内容。行为的表述必须具有可观察、可测量的特点，应使用明确的行为动词来描述，如写出、选择、比较等。基本方法是使用一个动宾结构短语，其中表述行为的动词说明学习的类型，宾语则用来说明学生的行为结果或学生所做的事情。三是条件（condition，C），学生证实其终点行为时相应的限制条件，也就是具体的学习内容、学习环境等学习条件。四是行为的标准（degree，D），指评定行为的最低依据或学生应达到的最低水平，是衡量学生行为的依据。使用 ABCD 阐述法可以按照下列方式：学生通过什么内容和方式学习，理解 / 会做什么，提高了什么方面，达到了什么样的程度。

三、组织教学内容

（一）教学内容的选择

由于教学时间所限，虽然人类社会积累的知识和经验浩如烟海，但是用于教学的内容却是极其有限的。教师所教的教学内容必须经过严格、精心的选择。

在选择教学内容时，既要考虑学生和教学方面的因素，又要考虑学科知识价值问题和知识能力的关系问题；既要注意学科知识的基础性、科学性，又要照顾学生的需要和兴趣以及学校教育规律，还要注意社会生活经验和社会发展的需要。概括起来，具体有五个方面的原则：一是系统知识原则，这一原则强调教学内容必须具有重要性、基础性，由浅入深，由简至繁。强调前一学习内容是后一学习内容的基础，注重学科的逻辑系统性和文化的积累与传递。二是历久尚存原则，教育既包括人类优秀文化成果的传承，又包括师生合作的创新。而创新离不开人类优秀文化成果，在教学中，人类多年来一直沿用的优秀文化成果应该被采用和传承。三是生活效用原则，学习可以说是生活的一部分，学习也可以说是为了更好的生活做准备。在选择教学内容时，应该以个人、社会、生活为着眼点，选择和生活联系密切的内容。四是兴趣需要原则，兴趣是促进学生参与学习活动的基础，教师在选择教学内容时，要以学生当前的兴趣与需要为着眼点，选择符合学生兴趣与需要的内容。五是社会发展原则，教育具有社会属性，在选择教学内容时，应该根据社会发展需要选择合适的内容，以帮助学生了解社会，认识社会发展规律，并为参与社会生活做准备。

（二）教学内容的组织

为了将学生的各种学习有效地联系在一起，使学习产生积累效应，教师还需要对选出来的教学内容进行有效的组织和编排，使其发挥相互强化的作用，这就是教学内容的组织。根据教学内容的特征和教学目标的要求，教学内容具有不同的组织形式。

1. 纵向组织与横向组织

纵向组织又称序列组织，是按照某些标准以先后顺序排列教学内容。夸美纽斯提出按由简至繁的序列安排教学内容，强调教学内容应从已知到未知，从具体到抽象。同样，加涅（R. M. Gagne）也认为教学应该从简单到复杂依次推进排列，他认为学习任何一种新知识或技能，都是以已经习得的先决技能为基础的。横向组织是指打破学科的界限和传统的知识体系，用一些大观念，“广义概念”和“探究方法”作为教学内容组织的要素，将教学内容与学生的经验有效地联系起来。这种编排原则强调知识的广度而不是深度，关心的是知识的应用而不是知识的形式。

2. 逻辑顺序与心理顺序

逻辑顺序是指根据学科本身的系统和内在的联系来组织教学内容；心理顺序是指按照学生心理发展特点来组织教学内容。有的教师主张按逻辑顺序来组织教学内容，把重点放在逻辑分段顺序上，强调按学科固有的逻辑顺序排列，不太考虑这样排列对学生是否有意义。有的教师则强调根据心理顺序，即学生的身心发展特征以及兴趣、爱好、需要、内核经验等来组织教学内容。我们认为更为合理的是根据学科育人目标及学科性质，结合学生的心理特点，综合分析后编排教学内容。

3. 直线式与螺旋式

直线式是指把教学内容组织成一条在逻辑上前后联系的直线，前后内容基本不重复。螺旋式则相反，在不同阶段使教学内容不断重复出现，但要逐渐扩大范围和加深程度，也是语言类学科常用的排列方式。赞科夫主张教师所讲的内容，学生听懂了就可以，不必反复地讲授，使学生感到厌倦。布鲁纳则认为教学内容的核心是学科的基本结构，应该从小学习学科最基本的原理，以后随着学年递升而螺旋式地反复并逐渐提升。这两种编排原则各有利弊，直线式可以避免不必要的重复，螺旋式则更容易照顾到学生的认知特点而加深对学科的理解。在组织教学内容时，教师应充分考虑各方面的因素综合使用。

四、选择教学方法

方法一般是指人们有目的地进行某种活动时采用的程序、手段或途径。做任何事情都要讲究一定的方法。方法不同，尽管采用同样的工具或手段，其产生的结果可能完全不同。如果选择了合适的方法，就会事半功倍；反之，如果选择的方法不合适，就会事倍功半，甚至南辕北辙，事情不能完成。比如庖丁解牛，其解牛所用的刀就是工具，同样的刀，在不懂牛体结构的人和没有掌握解剖方法的人的手里，不但不能很快地完成解剖，还可能损坏牛刀；而在掌握了解剖方法的庖丁手里，就可以游刃有余，不费刀就可以很好地完成任务。为了高效地实现教学效果，同样应该选择合适的教学方法。

教学方法是在教学过程中教师和学生为实现教学目的、完成教学任务而采取的教与学相互作用的活动方式的总称。教学方法包括教的方法与学的方法，但二者绝不是机械地相加，而是密切联系、相互作用的教学活动统一的两个方面。任何一种教学方法都具有构成要素及其组合方式，都必须遵循一定的逻辑顺序，体现历史和逻辑的辩证统一。教学是否成功、教学目标能否实现、教学效果的好与坏、教学效率的高与低，都与教学方法的选用是否得当有着直接的关系。教学方法充分具有实践意义，极大地影响了教学效率和教学效果。

（一）常见的教学方法及其应用

在教学设计中，教师会运用多种教学方法。每种教学方法都有自身的特点，想让这些教学方法达到期望的效果，就需要从设计层面打好基础，在设计时考虑到每种教学方法可能存在的问题、操作流程、技巧和关键点等。下面重点介绍四种常见的教学方法及其应用。

1. 讲授法

讲授法是一种教师运用语言向学生系统地讲授知识、技能的教学方法。当教师需要说明、解释或验证数学概念、法则、公式及其他规律性知识时，常使用这种方法，特别是不易被学生理解的知识间的内在联系及思考过程，更需要教师讲解。

使用讲授法应注意四点:（1）讲授要有逻辑性。教师讲解时要注意运用分析、综合或归纳、演绎等方法，做到重点突出，理由充分，条理清楚，前后连贯。具有逻辑性不仅有助于学生掌握学习内容，还会让学生感受到思维的魅力，培养学生的逻辑思维能力。（2）讲授要有启发性。在讲解过程中，教师要注意引起学生的学习动机，启发学生的积极思维，这是使讲授成为启发式教学方法的关键。孔子说的“不愤不启，不悱不发”，就是指讲授中需要关注启发性。（3）讲授要有趣味性。在课堂讲授中，教师要多角度地调动学生的学习热情，运用语言技巧，使语言富于幽默感，营造和谐的课堂气氛。让学生以愉快的心情掌握知识、发现真理、发展能力，从而使教学效果达到最大化。（4）讲授要有形象性。教师要对讲授内容进行加工，把抽象的理论形象化，变为学生易于接受的知识，要借助语言、表情、动作、直观实物、绘画等手段,对讲授内容进行形象描绘,促使学生更好地理解。在课堂讲授中，教师要充分利用模型、实物、多媒体器材等直观、形象、生动的手段，选择最佳时机,在最主要的环节上恰到好处地使用,如把“小数点移位”说成“小数点搬家”。

其他教学方法

任何一种教学方法都有其合理性和局限性。讲授法之所以能延续几千年，是因为它在教学中所起到的作用是其他方法难以替代的，当然讲授法也存在局限性。由于讲授法源于传统的教师中心论，容易使教师产生重教轻学的思想，使学生产生依赖和期待心理，抑制其学习的独立性、主动性和创造性。所以在运用讲授法时，教师要以时间、条件为转移，充分利用其积极方面，与其他教学方法相结合。

2. 练习法

练习法是学生在教师的指导下，运用所学知识反复地完成一定的操作，形成技能、技巧并提高能力的一种教学方法。 练习法的种类多样，有集中练习和分散练习、整体练习和局部练习、引导练习和独立练习、模拟练习和实地练习等。

练习法的使用应注意五点:（1）明确练习的目的与要求。不同的教学目标和要求对练习问题的选择、练习时间和练习结果的评价不一样。比如，课堂上的练习，由于课堂时间有限，需要选择思维难度适中、便于反馈的练习题目。（2）精选练习材料，适当分配数量、次数和时间，循序渐进，突出重点。（3）练习的形式多样化。形式单一的练习，不仅会使学生感到乏味，降低练习效果，还会使学生思维呆板。从练习题的形式来看，除计算题、应用题外，还可采用填空题、判断题、选择题和改错题。从练习的方式来看，除常用的口头问答、书面作业和板演外，还可采用动手操作和联系实际的练习方式。低年级某些练习可以带有竞赛、游戏的性质。同时，教师也要注意不要单纯追求“花样翻新”，而是要达到练习的目的。（4）教师要严格要求学生并向学生及时反馈练习情况。及时准确的反馈是练习法取得效果的关键，如果不能正确地对练习进行反馈，或者反馈不及时，就会严重影响练习的效果。（5）练习要具有针对性。不同学生的学习程度不一样，教师在布置练习题目时，要根据学生的学习情况选择合适的练习题目。

3. 情境教学法

情境教学法是指在教学过程中，教师有目的地引入或创设具有一定情绪色彩的、以形象为主体的生动具体的场景，以引起学生一定的情感体验，从而帮助学生理解教材，并使学生的心理机能得到发展的教学方法。情境一般包括生活展现、图画再现、实物演示、音乐渲染、言语描述情境等。

使用情境教学法应注意三点：（1）要有利于师生间的教学互动。例如，在英语教学中会导致学生的差异性问题。有些学生成为情境中的“主角”，有些学生成为“配角”，其他学生可能只是“观众”。教师应努力做到让每位学生参与到情境教学过程中。（2）要掌握好参与的有利时机。在一堂课中，教师不仅在课程伊始要通过情境设计揭示矛盾、导入新课，还应在教学过程中不断进行情境设计，使问题不断深化，让学生经常处在发现问题与解决问题的各种矛盾之中。教师要创造参与时机，多方设计，步步引导，让学生情不自禁地进入学习状态。（3）具有可操作性。有效的课堂教学情境，要根据具体的教学内容、学生实际情况、教学方法及教学资源等灵活设计。

4. 探究式教学法

探究式教学法又称发现法或研究法，探究式教学法是一种以问题为运作机制，以学生自学自探为基础，通过学生之间、师生之间共同讨论和探索，从而引导学生系统学习、掌握课本知识和相关的社会交往技能，培养学生合作分析问题、解决问题的能力，促进学生问题意识和创新思维的发展，提高思想认识的教学方法。探究式教学法的步骤是：第一步，创设问题情境，使学生在问题情境中明确要解决的问题；第二步，拟订解决问题的途径，收集数据；第三步，提出假设，根据数据和以往的科学理论提出合理的假设；第四步，检验假设，根据假设进一步进行理论推理或实验探究，以检验假设的合理性；第五步，总结，根据学习情况，教师和学生一起得出共同的结论。

在使用探究式教学法时要注意，纯粹的探究式教学法完全让学生自己去发现知识、自主学习，难免带有随机性，往往花费较多的时间，因此，在使用探究式教学法时，教师要在学生拟订解决问题的途径或提出假设时，就给予适当的提示和帮助。这样既保持了探究式教学法的优点，又减少了学生独立探索的盲目性，也发挥了教师的主导作用。同时，并不是所有的教学内容都可以采用探究式教学法。例如，学习多位数的认识和读写就不宜用这种方法，需要教师的讲解。

（二）选择教学方法的基本依据

1. 教学目标和教学任务的要求

每节课的教学目标和教学任务都不尽相同，需要选择不同的教学方法。如果教学目标和教学任务主要是让学生获得新知识，那么选择讲授法、发现法等较为合适；如果教学目标和教学任务以培养学生的技能、技巧为主，那么选择练习法、讨论法等较为合适；如果教学目标和教学任务是要让学生掌握一些现象、观念，获取感性认识，那么选择演示法、参观法、对话法等较为合适。

2. 课程性质和教材特点

课程性质和教材特点不同，选择的教学方法也不同。例如，在物理、化学、生物学等课程中，教师会经常采用演示法和实验法；在语文、外语等课程中，教师多采用讲授法和读书指导法。

3. 教学时间、设备、条件

有些教学方法需要的教学时间较长，有些教学方法对教学设备的要求较高，教师在选择教学方法时要充分考虑这些因素。

4. 学生的特征

教师在选择教学方法时还要考虑学情，主要是学生的心理特征和知识基础。低年级学生的形象思维占优势，教学中就要较多地运用演示直观手段；中高年级学生的抽象思维有了一定的发展，教学中就可以较多地运用语言描述，如讲授法、对话法等。

5. 教师业务水平、实际经验和个性特点

教师要选择适合自己特点的教学方法，充分发挥自己的特长，确保教学过程的最优化。

活动二　案例与评析

活动提示：通过案例分析，进一步理解教学设计原理，掌握教学设计方法。

一、案例简介

“酚的性质和应用”的教学设计选自《中学化学教学参考》2021 年第 7 期，由浙江省宁波市的李明和王星乔两位老师设计。① 具体教学内容为苏教版《有机化学基础》专题 4 第二单元“酚的性质和应用”的新授课，内容包括苯酚的物理性质、弱酸性、取代反应、显色反应等化学性质及含酚废水的处理。

二、案例呈现

在学习“酚的性质和应用”之前，学生已经学习了芳香烃和醇，之后要学习的内容为醛和羧酸。对于这节内容的讲解，常用模式有两种：一种是以酚的用途为出发点引入新课，然后探究酚的性质和结构；另一种是从酚的结构出发，分析酚的性质，最后进行苯酚用途的讨论。该教学设计试图在一般教学设计上做一些改进，即将两种方式进行有效的整合，从而促进学生核心素养的提升与发展。

该教学设计的教学目标为：

（1）能辨识酚的官能团，说出苯酚所具有的物理性质和化学性质，会书写与化学性质相关的化学方程式，能利用显色反应鉴别酚类物质。

（2）能应用“结构决定性质”观念预测苯酚的性质，且能与同伴合作设计并完成实验探究苯酚的性质，形成基于基团对有机化合物性质进行预测和检验的认识模型，形成“分子中基团之间的相互影响会导致键的极性发生改变”的观念。

（3）能够与同伴交流苯酚在生产生活中的应用，并能综合应用苯酚的性质处理酚类物质造成的环境污染。

教学过程按照“什么是酚”“为何要检测酚”“如何检测酚”“如何处理酚类污染”四个环节展开。具体的教学设计请扫描二维码查看。

教学设计：酚的性质和应用

三、案例研讨

从教学设计的内容、构成和教学方法等方面出发，对“酚的性质和应用”

① 李明，王星乔. 指向“证据推理与模型认知”的有机化合物教学：以“酚的性质和应用”为例[J]. 中学化学教学参考，2021（7）：29−33.

教学设计进行分析，并在分析的基础上提出自己的改进意见。分析可以从以下方面展开：

（1）该教学设计中的教学目标设计是否符合化学学科核心素养的课程标准？教学目标是否体现了以学生为中心？教学目标的表述是否合理？

（2）该教学设计中包含哪些教学内容？教学内容的呈现方式和安排是否合理？

（3）该教学设计中使用了哪些教学方法？这些教学方法的使用是否合理？

四、案例评析

该教学设计对应的课题是苏教版《有机化学基础》专题 4 第二单元“酚的性质和应用”。从教学内容来分析，在这节课之前，学生已经学习了芳香烃和醇，对有机化学有了一定的基础，掌握了一些有机物官能团的知识。通过这节课的学习，学生可以巩固已有知识，同时又能够为后续学习醛、羧酸等内容提供认识思路与角度。该教学设计有很多优点，同时也有需要改进的地方，以教学目标的设计为例进行说明。

该教学设计按照化学学科核心素养的课程标准设计了三个方面的教学目标：第一方面，从宏微辨识的角度出发，要求对有机物官能团有新的认识；第二方面，从结构决定性质出发，理解苯酚的性质；第三方面，培养学生交流合作能力与社会责任感。该教学目标设计建立在对教学内容分析的基础上，并且结合学生的特点，渗透了化学学科核心素养的课程目标，对教学活动能够起到很好的指导作用。如果按照教学目标 ABCD 阐述法进行评价，该教学目标还有一定的改进空间。目前的教学设计较好地体现了学生的主体性（A），也具有明确的条件（C）和学习结果（D），但是缺少学生的学习过程性行为（B），以及具体通过什么样的学习活动来促进学生达到学习效果。

活动三　实作与反思

活动提示：通过教学目标修改和教学设计实践，掌握教学设计的具体方法。

一、教学目标修改

某语文教师在进行初中语文八年级上册第 14 课《背影》一文的教学设

计中，有一条教学目标为“让学生理解生动形象的景物描写”。请按照教学目标的表述要求对该表述进行修改完善。

二、教学设计实践

以《背影》一课为例完成教学设计，并使用教学设计进行模拟说课或上课，然后在小组研讨的基础上完善教学设计。

推荐资源

[1] 王文智. 整体取向教学设计视角下的学习任务设计 [J]. 全球教育展望，2022，51（8）：39−51.

[2] 郭炯，潘霞. 面向学科能力培养的单元教学设计模型研究 [J]. 电化教育研究，2022，43（7）：81−88.

[3] 盛群力，陈伦菊. 国际教学设计研究发展二十年探微 [J]. 开放教育研究，2022，28（3）：57−66.

任务二 组织教学活动

“纸上得来终觉浅，绝知此事要躬行。”对教师开展教学来说，拟定教学目标并完成教学设计只是完成了教学蓝图，要实现教学目标并促进学生掌握学习内容，实现能力发展，还需要通过一系列行之有效的教学活动。组织教学活动是一名教师最重要的能力，是教师达成教学目标的必要途径。为此，教师应该全面深入地认识教学活动，提升组织教学活动的能力。

活动一 阅读与思考

活动提示：阅读下列内容，理解教学活动的内涵，认识教学活动的特点和阶段。

一、教学活动的内涵

活动是一个具有多重意义的词语，作为动词有运用、运作和动摇等意思，作为名词是指为达到某种目的而采取的行动。教学活动中的“活动”是名词，结合对教学及教学目标的认识，可以将教学活动定义为教师和学生一起围绕着具体的教学目标而参与的行动。教学活动也可以看作教学的实施过程，是教师和学生以具体行动将教学意图落实，以达成教学目标、实现教育成效的过程。教学活动这个概念还有广义和狭义之分，广义的教学活动是一切与教学相关的活动，包括校内和校外的教学活动、学校和教师的教学活动。本书中的教学活动是狭义的概念，指教师和学生在课堂中进行的，为达成教学目标的教学行为。

教学活动是对象化的活动，也是教师和学生等多主体在共同体下开展的活动，可借助活动理论来认识教学活动。活动理论（activity theory）也称历史—文化活动理论，最早由苏联心理学家维果茨基（L. S. Vygotsky）提出，后来被列昂节夫（A. N. Leontyev）、恩格斯托姆（Y. Engeström）等人进一步发展和丰富，形成了完整的活动理论体系。在活动理论看来，人类的发展建立在人类与社会、文化情境的互动之上，这些互动是通过文化内涵、工具和符号中介来实现的。[①②]活动系统由核心要素（主体、客体、共同体）和调节要素（工具、规则、劳动分工）共同构成。活动理论在当代社会科学理论体系中具有重要的地位，广泛应用于不同情境下活动形式的分析和研究中，并被视为弥合社会科学二元对立传统的理论路径[③]。

活动理论为认识学习带来了全新的视角。对于学习的认识，活动理论反对简单思维，认为学习不但是个体内在的心理活动，而且是心理活动与外在行为互动而促使心智发展的过程，是活动主体通过中介与外部不断互动的结果。活动理论下的学习包含三个过程：不断重构实践模型的过程、参与共同体实践的过程和生成个人理论的过程。[④]学习是教学活动的关键组成部分，通过活动理论来认识教学活动能够反映出教学活动的关键特征。

二、教学活动的特点

从活动理论出发可以发现教学活动具有实践性、社会性和创造性三个方面的典型特点。

（一）教学活动的实践性

理解教学活动的实践性要从活动理论的起源说起。活动理论虽然由维果茨基等人提出，但其思想根源却来自德国古典哲学以及马克思（K. Marx）和恩格斯（F. Engels）的辩证唯物主义。[⑤]在马克思看来，主客体统一在劳动中，并通过劳动实现主体对客体的能动改造；恩格斯也坚信是劳动创造了人本身。[⑥]马克思和恩格斯所说的劳动，就是活动，也是实践。学习作为人类的实践活动，其目的是实现个体的心智发展。活动理论认为，个体的心理发展过程与实践过程同时进行，心智发展不是单向的编码和储存信息的过程，而是与信息的解码和理解同步进行、不断互动的过程。也就是说，心智发展既具有认知性，也具有实践性。具体来说，在心智发展过程中，心智首先接收信息，使自己能够理解新的情境，并根据新的理解来建构应对情境的方式、指导行为实践；而后，行为实践的结果反作用于心智，使其调整原有理解，建构新的理解和认知框架。调整后的心智又会对情境产生新一轮的认知和理

---

① JONASSEN D H. Learning as activity［J］. Educational technology，2002（2）：45−51.

② RUSSELL D R. Rethinking genre in school and society：an activity theory analysis［J］. Written communication，1997，14（4）：504−554.

③ Yu L Z. The divided views of the information and digital divides：a call for integrative theories of information inequality［J］. Journal of information science，2011（6）：660−679.

④ 毛齐明. 略论“社会文化—活动”理论视野下的学习过程观［J］. 外国教育研究，2011（6）：1−6.

⑤ ENGESTRÖM Y. Expansive learning at work：toward an activity theoretical reconceptualization［J］. Journal of education and work，2001（1）：133−156.

⑥ 马克思，恩格斯. 马克思恩格斯全集：第26卷［M］. 北京：人民出版社，2014：759.

解，随后触发新一轮的行为实践，如此循环往复，并最终实现心智发展，引起学习的发生。

从以上对于活动理论下的学习活动原理分析可以看出，教学不但在实践中产生，教学本身就是实践的组成部分。学生的学习是在教学实践中的学习，是基于教学实践的学习，是为了教学实践的学习。教学活动具有典型的实践特性。杜威（J. Dewey）认为，只有在行动中的知识才是真正的知识，知识的作用在于解决疑难。[①] 教学活动的根本目标是通过教学实践促进师生发展。其动力来源于教学活动中矛盾产生的张力，教学就是围绕教学矛盾，寻求解决方案并不断循环往复的过程。

（二）教学活动的社会性

活动理论认为，人类的发展建立在个体与社会、文化情境的互动之上。同样，教学也是教学主体与社会和文化互动的结果，教学主体具有显著的社会性特征。要认识教学活动的社会性，首先要正确认识维果茨基提出的最近发展区理论。我国很多学者对最近发展区理论的认识还局限于最初的认识，认为最近发展区仅关注儿童自身认知发展特征，并没有将个体的认知发展与社会和文化情境联系起来。按照维果茨基的定义，最近发展区是指由独立解决问题来决定的实际发展水平与借助成人指导或者与更有能力的同伴合作来解决问题所决定的潜在发展水平之间的差距。[②] 从这个定义可以看出，最近发展区不仅是个体自身认知上的前后差距，也不限于个体与另一特定个体之间的差距，还包括个体与社会文化之间的差距。

在最近发展区理论中，“建构区”是个体和社会（学习共同体）的交互系统，在这个系统中人们一起解决问题。[③] 最近发展区并不是固定不变的，而是在学习过程中学习者与学习共同体不断交互而发展的。学习的目的就是要跨越最近发展区，实现个体与社会认知的匹配。实现最近发展区的跨越需要借助“脚手架”，维果茨基认为合作、指导、演示和引导提问等方式就是学习的脚手架。[④] 可以看出，这里的脚手架具有社会性质，是对学习者的社会帮助。

总的来说，从活动理论看来，教学活动是一个社会交互活动，是个体与学习共同体相互创造和建构的过程。教师的教学行为本质上是人类文化的传承过程，是一种典型的社会化活动，学生的学习同样离不开同伴的参与。教学活动是教学主体在学习共同体内相互分享、交流、碰撞和创造的过程。

---

① 杜威. 我们怎样思维·经验与教育［M］. 姜文闵，译. 2 版. 北京：人民教育出版社，2005：88.

② VYGOTSKY L S. Mind in society：the development of higher psychological processes［M］. Cambridge，MA：Harvard University Press，1978：86.

③ NEWMAN D，GRIFFIN P，COLE M. The construction zone：working for cognitive change in school［M］. Cambridge：Cambridge University Press，1989：63.

④ DANIELS H. Vygotsky and pedagogy［M］. London：RoutledgeFalmer，2001：56.

（三）教学活动的创造性

自维果茨基以来，活动理论始终坚持活动与意识的统一。其中，意识是智力操作的总和，它既不是无实体的认知动作，也不是大脑本身；而是一种特殊的心理形式，是人们理解世界和自己的主要工具。意识存在于每一件事情中，却不是与生俱来的，而是在劳动和社会关系的形成中产生的，是在活动中建构的。其建构过程为：活动中产生意识，意识影响活动，活动又改变意识。通过这样的模式，意识不断发展和变化，学习过程同时发生。从以上过程也可以看出，学习活动不是一个简单的接受过程，而是立足于自身情况不断建构的过程。在这个过程中，活动主体自身会发生变化，活动中的文化工具和制品，不同主体的存在方式、看待事物的方式和回应情境的方式都在共同体中被重新建构。[①] 学习活动不但体现出交互性和建构性特点，更体现出创造性特点。在交互和建构的过程中，学习不再是直接模仿和接受已有知识的过程，而是在面对问题时，运用已有的经验和知识去尝试解决，在过程中促使原有观念转变，形成新的观念的过程，其实质就是不断创造的过程。

三、教学活动阶段

根据活动理论，并结合教学活动的规律，可以将教学活动分为三个阶段，分别是教学准备、教学实施和教学总结，如图 2-2 所示。

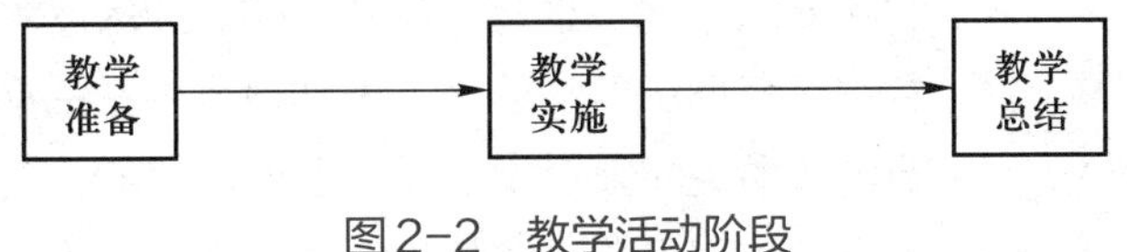

图2-2　教学活动阶段

（一）教学准备阶段

教学准备阶段是教师和学生参与教学活动的前因和驱动阶段，由教学活动的实践需求引发行动，具体包括学习动机、教学目标、学习条件。在这个阶段，教师基于学习动机和教学目标进行活动准备，并创建学习条件。教学准备是保证教学取得良好效果的保证，做好教学准备是上好课的先决条件，教学准备可以加强教师对课堂的预见性，从而保证教师在课堂上很好地组织引导学生，促进学生优质高效地学习知识。教学准备包括教学思路准备、教学用具准备和教学情绪准备。教学设计就是教学思路准备的具体表现形式，

---

① EDWARDS A，GILROY P，HARTLEY D. Rethinking teacher education: an interdisciplinary analysis[M]. London: RoutledgeFalmer，2002: 112-122.

前面已经对教学设计作了分析，此处需要重点指出的是，在教学准备过程中，教师必须明确这节课学的是什么、重点是什么、难点是什么，要预测学生可能会出现什么样的情况，讲解中应该注意什么。教学用具准备就是准备好教学需要的器材。有效地使用教学用具可以激发学生的学习兴趣，促进学生的思考和理解。在上课之前，教师应该结合教学设计准备好合适的教学用具，提前到教室候课，保证必要的教具、学具落实到位。只有这样才能使教学工作有序地进行，才能提高课堂教学效益。教学情绪准备就是师生在课前做好情绪调整，保证能够积极组织和参与课堂活动。对于教师来说，在上课之前一定要让自己的情绪回归课堂，以积极的情绪组织教学活动，切忌带着消极情绪上课。同样，学生也可能受到情绪的干扰而影响教学活动，比如早上第一节课和上午最后一节课，学生都可能因为精神不佳而影响其参与教学活动，教师需要把握学生的情绪状况，积极准备，做好应对方案。

（二）教学实施阶段

教学实施阶段是教学活动的主体阶段，包括教师和学生基于学习内容、学习共同体、学习工具、学习规则、学习分工等要素开展教学活动。教学活动是师生双方的互动，不是简单的一问一答，而是应该根据教学内容的安排设计不同形式的教学活动，促进学生参与。例如，教师可以根据教学内容，设计总议题和分议题，让学生围绕议题进行讨论并充分表达自己的观点和看法，使学生的积极性得到充分调动。正因为学生能够参与，学生对教学内容的理解才能更深入，才能有助于提高学生分析问题和解决问题的能力。教学活动形式应该多样化，要能够通过活动吸引学生主动参与。在教学过程中，学生只有真正参与进来，主动投入课堂活动中，才会喜欢上课。新课程改革要求教学更注重对学生学科素养的培养，让学生在参与课堂活动中，发挥学生个人的积极性。在师生互动过程中，教师是师生互动的组织者，也是师生互动的主要参与者。在教学过程中，教师要注重教学环节的设置，过渡要自然，对学生活动要能够灵活把握，避免形式化，减少无效活动，提高互动的效率，让互动服务于教学活动，达成预设的教学目标。不管采用什么形式的师生双边活动，都要围绕设计的主题，达到相应的活动目的，不能为了活动而活动，应以提高教学效果，促进学生学科核心素养为抓手，增强活动的实效，提高课堂教学的整体质量。

（三）教学总结阶段

教学总结阶段是教学活动的总结与输出阶段。在学习活动结束之后，教师和学生一起总结学习成果，进行提炼和输出，反馈至下一次学习活动的准备阶段，调整和确立新的学习动机、学习目标和学习条件，对教学活动作出对应的调整和优化，并触发新一轮的教学活动，这样不断往复，形成持续运行并不断优化的闭环活动系统。教学总结也可以采取不同的形式，如知识归纳式总结、前后呼应式总结、交流反馈式总结、自主评价式总结等。

1. 知识归纳式总结

知识归纳式总结是最基本并且应用最广泛的教学总结形式。应该说，所有的课堂教学总结都包含知识点归纳。它主要通过师生共同回顾本堂课所学的主要内容，把新学内容梳理一遍，使学生通过小结，对本课内容有一个整体系统的认识，力求达到更深层次的理解。

2. 前后呼应式总结

在课前导入时，以一个思考型问题引发学生的反思、质疑，顺理成章地进入新知识的探究与学习；或者在导入时，师生共同提出一个观点或猜想，并通过一堂课的活动，来验证观点或猜想。在课程结束前，师生再回到导入环节，对问题作出正确完整的解答，对观点或猜想作出合理肯定的解释。如果教师对课前导入所提出的问题或观点不了了之，会使课前导入无法发挥效用，有时甚至使学生产生错误的认识，作出错误的判断，甚至影响以后的学习。

3. 交流反馈式总结

教学总结还可以围绕本节课的主要内容进行小组间的交流与讨论，然后全班反馈，这样做会使学生再次闪现思维的火花。例如，教师可以在学习的概念较多时，让学生分组设计表格，用来概括知识点，然后全班交流每组的成果，以加深印象，进而帮助学生形成更好的记忆方式。

4. 自主评价式总结

学生是学习的主体，也是课堂的主人。课堂教学应该给学生足够的时间和空间去体验、思考和感受，同时让学生有机会畅谈自己的体验、感受与收获。学生应该对课堂教学、教师及学习同伴作出评价，也可以让学生进行自主评价式总结。

活动二 案例与评析

活动提示：通过案例分析，理解教学活动理论知识，掌握组织教学活动的方法。

一、案例简介

“氨气”一课由重庆市南开中学曾晖老师设计并实施，该课荣获重庆市高中化学优质课大赛一等奖。“氨气”是人教版高中化学必修2“氮及其化合物”中的教学内容。

二、案例呈现

本节课在重庆市高中化学优质课大赛中获得一等奖，在赛场上得到了在场评委和同行的好评。他们认为本节课通过创新和改进教材上的实验创设问题情境，让学生通过演示实验、学生实验逐步建构氨的性质，充分发挥合作学习、自主学习和探究学习的优势，通过多种教学手段，充分调动学生的积极性，促进学生积极主动地思考，特别注重引导学生透过现象看本质，引导学生应用分类观、守恒观、微粒观、转化观等化学核心观念解决问题，并在这个过程中慢慢领悟怎样去学习一种陌生物质，而不仅是这种物质是怎样的，从而培养了学生的化学学科核心素养。本节课也得到学生的广泛认可，他们觉得在短短40分钟的课堂上，不但从化学实验中感受到了化学美，更通过对实验现象的分析和化学原理的思考，理解了教学内容，建立了化学学习方法。通过对工业合成氨的历史的认识和氨气的用途的分析，学生对科学的发展有了更进一步的认识，在学习了前人的精神之后受到了鼓舞。

本节课主要通过以下三个环节展开：(1)挖掘化学的实验魅力，促进知识的自主建构；(2)挖掘化学的思维魅力，渗透化学基本观念，建构思维方法；(3)挖掘化学的人文魅力，让课堂成为学生发展思想认识的场所。具体的教学实施情况请扫描二维码查看。

教学视频：氨气

三、案例研讨

从教学活动的构成、教学活动类型和教学活动组织等方面出发，针对“氨气”教学案例进行研讨，并在分析的基础上提出自己的改进意见。研讨可以从以下方面展开：

(1)分析教学案例中教学活动各个环节的特点，以及各个教学活动安排是否恰当。

(2)从教学活动中教师和学生的参与情况和教学效果出发，分析还有哪些需要改进的地方，尝试做出合理的改进。

活动三　实作与反思

活动提示：设计教学总结活动，研讨教学总结活动组织的方法。

请按照下列步骤完成实作练习。

步骤 1：请以本课为对象，设计本课的教学总结活动。

步骤 2：在小组内实施所设计的教学总结活动，小组成员参与活动并进行活动观察，做好记录。

步骤 3：针对教学总结活动进行研讨，在研讨的基础上改进教学总结活动设计，并进一步总结组织教学总结活动的方法和技巧。

推荐资源

［1］张涛，李如密. 教学空间的实践意义及其建构［J］. 教育学报，2021（6）：38−47.

［2］尹纳宇，胡珠楠. 美国不分级制教学组织模式课程设置的研究［J］. 外国中小学教育，2016（9）：11−17，47.

［3］高洁. 课堂教学组织管理行为中蕴含的价值教育及实践：以挑选学生举手发言为例［J］. 教育研究，2015（8）：12−21.

任务三
激发学生参与

教学的首要任务是促进学生发展，如何才能有效地促进学生发展呢？从建构主义学习观来说，学生的学习过程不仅是知识的重复和强化，而且需要学生主动参与，从而完成知识和能力的自我建构。为此，教师应该提高自身的能力素养，根据课堂教学需要灵活采取合适的方式激发学生参与课堂教学活动的兴趣。

活动一 阅读与思考

活动提示：阅读下列内容理解学生参与的意义，认识学生参与的类型，掌握促进学生参与的途径。

一、学生参与的意义

为了理解学生参与的意义，首先要理解什么是学生参与的内涵。在《现代汉语词典》（第 7 版）中“参与”的意思是“参加（事务的计划、讨论、处理）”。在管理学领域，参与是指个人的思想和感情都投入到一种鼓励个人为团队目标作出贡献、分担责任和团队环境之中，这样的投入极大地激励了参与者，从而发挥他们的干劲、创造力和积极性。[①] 在英文中，具有参与含义的词语有 participate，involvement，engagement 三个词语，而这三个词语的意思各有侧重，理解这些词语的含义有助于我们理解学生参与概念中“参与”的内涵。participate 在英文中强调的是个体在团队中思想、情感、态度等方面的投入，从而能够完成相应的任务、承担相应的责任。从这一层面上看，真正的参与不是被动的、被给予的，而是主动的、平等的。involvement 意味着投入、介入或卷入，更具有外在形式上的特征。从学生角度来说，参与其实是学生心理和行为的共同投入，并且由于心理活动的内隐性，通常由外显行为来表现。engagement 表示参与者主动投入时间和精力而力求实现某

① 欧文斯. 教育组织行为学：第 7 版［M］. 窦卫霖，温建平，王越，译. 上海：华东师范大学出版社，2001：374.

一目标。综合以上含义，学生参与是为了完成学习目标而主动地投入时间和精力，正是 engagement 所包含的意思，也因为如此，“学生参与”对应的英文是 student engagement。

对于学生参与的具体内涵，不同的学者进行了不同的界定。最初从学生投入学习任务的时间来定义学生参与，即将学生参与等同于“任务时间”。后来，罗伯特·佩斯（C. R. Pace）提出有质量的时间投入才能获得更好的学习效果，于是就用“努力质量”来诠释学生参与内涵。[①] 弗雷德·纽曼（F. Newmann）研究美国中学生时，将学生参与定义为：“学生针对学习计划的心理投入和努力，通过这些努力促进学生的学习和理解，促进知识、技能或技艺的掌握。”[②] 从对学生参与的内涵分析可以发现，先期对“学生参与”的理解从主要强调学生在时间和精力上的投入，逐渐发展到注重心理层面的投入。之所以有这样的转变，也是建构主义学习观的影响。从建构主义的观点来说，学习之所以能够发生，关键在于学生主动建构。因此，有学者提出，学生参与就是“学生在教师指导下积极参与教育教学活动，实现学生主体建构与发展的过程。”[③] 从这样的角度来说，“学生参与”强调的是学生如何参与到相关的学习活动之中，实现自我的建构及发展。

综合以上概念可以看出，学生参与是学生为完成既定的学习目标而主动投入时间和精力参与学习活动，实现自我建构和发展的过程。学生参与对学生全面发展都起到重要作用。研究发现，学生参与对学生的学业成就、自我评价等方面具有重要影响。首先，学生参与对学生的学业成就具有促进作用。学生参与程度越高，其学业成就也越高。具体来说，就是学生在学习活动中投入的生理以及心理总量越多，其学业成就越高。[④] 这样的研究结果无论是从行为主义还是从建构主义的观点来看都很好理解。从行为主义来讲，学生参与度越高，学生在学习上投入的时间和精力越多，学习得到的刺激和强化程度更好，就越会促进学习效果的显现。从建构主义的观点来看，学生只有对学习有主动思考和探索，才能实现心理结构的调整，才能促进认知的发展。学习参与，特别是认知参与是学习产生效果的必要条件。[⑤] 其次，学生参与能够促进学生进行正确的自我评价。学生参与对于学生的动机以及自我评价会产生积极的促进作用，这使得具有较高参与度的学生能够在学校以及相应

---

① PACE C R. Measuring the quality of college student experiences：an account of the development and use of the college student experiences questionnaire［M］. Los Angeles：Higher Education Research Institute，1984：4−5.

② 刘宇. 学生课程参与论［M］. 济南：山东教育出版社，2012：88.

③ 赵丽敏. 论学生参与［J］. 中国教育学刊，2002（4）：28−31.

④ CARUTH G. Learning how to learn：a six point model for increasing student engagement［J］. Participatory educational research，2014（2）：1−12.

⑤ 王纾. 研究型大学学生学习性投入对学习收获的影响机制研究：基于 2009 年“中国大学生学情调查”的数据分析［J］. 清华大学教育研究，2011（4）：24−32.

的学习活动中获得较为愉悦的情感体验。学生参与的功能在于能够促进学生在学习活动中的学习动机，增强学习信念，通过提升学生愉悦的学习体验，从而促进学生的学业进步与全面发展。也就是说，在课堂上学生参与对学生成绩、学习效果、学生素质与发展等均有重要影响。

二、学生参与的类型

按照不同的分类标准，可以将学生参与分为不同的类型。从心理学的视角出发，学生参与可以分为行为参与、情感参与和认知参与三种类型。行为参与指学生在学习活动中的举止行为；情感参与指学生产生的情感反应；认知参与指学生的意志努力程度和认知策略等方面的参与情况，是学习活动中最深层次的参与。[①] 这三个维度并不是孤立存在的，而是相互联系的，对学生参与来说是统一的综合体。心理学理论研究细致地描述了学生在课堂学习过程中行为、情感和认知三个系统的交互作用，并描述了学生的情感体验如何影响学生的认知过程，从而产生不同的学习行为。[②] 确切来说，行为参与体现在具体学习活动中学生的表现；情感参与涉及学生的态度，能够丰富学生的内心体验；认知参与能够使学生对专业知识有所理解并能够监控自己的学习过程。当学生在认知上经历了挑战，并在行为上积极参与学习、在情感上享受学习的过程时，就可以说他们真正参与了学习。[③] 所以，在认识学生参与时，应该同时关注行为、情感和认知三个维度的参与情况。

以学生课堂参与的主动性程度为标准进行分类，可以将学生参与分为主动型参与、被动型参与和不参与三类。主动型参与是学生的学习动机非常强，主动地将时间和精力投入到教学活动中，这样的参与在行为、情感和认知方面都具有非常高的参与程度，也会达到最佳的学习效果。被动型参与则是学生缺少参与的动机，是在教师、家长等外在力量的驱使下被迫参与学习，这样的参与往往表现为具有较高的行为参与，但情感和认知参与程度比较低，学习具有一定的效果，却不能达到满意的结果。不参与是学生不但没有参与的动机，即使是在外界作用下也不愿意参与，导致在行为、情感和认知上的参与程度都较低。

以学生在课堂参与活动中所使用的参与方式进行分类，可以将学生参与分为程序性参与和实质性参与。其中程序性参与主要与学生的行为活动相关，

---

① ZHOC K C H，WEBSTER B J，King R B，et al. Higher education student engagement scale (HESES): development and psychometric evidence[J]. Research in higher education，2019(2): 219-244.

② 教育部《基础教育课程》编辑部. 小学新课标资源库：数学卷 [M]. 北京：北京工业大学出版社，2004：59.

③ 严家丽. “教师使用教科书水平”与课堂教学效果之间关系的实证研究：以小学数学为例[M]. 长春：东北师范大学出版社，2015：126.

如学生参与课堂教学中的活动、完成作业等；实质性参与则与学生的心理和认知活动相关，侧重学生对课堂学习活动的心理、情感涉入，其最终指向是学生高阶思维的发展。

以学生对认知策略的选择与使用情况进行分类，可以将学生参与分为浅层参与和深层参与。浅层参与是指学生在学习活动中，使用了浅层次的认知策略；深层参与则是指学生在学习活动中，使用了深层次的认知策略，并完成了较高难度的任务。

三、学生参与的途径

教师方面，教师作为教学活动的组织者和引导者，对学生参与起着重要作用。教师需要不断提高自身的素养和专业水平，来保证学生参与到课堂中。教师的教学方式、教学手段、教学风格，教师对学生的评价等都会对学生参与具有直接影响。例如，教师教学观念的转变，采用新型的教学方式、教学手段等都可以改善学生参与情况。在具体的教学过程中，教师可以通过及时反馈学生的学习情况、有效提问、合理评价等方法促进学生参与。

学生方面，提高学生在课堂教学中的主体地位也可以有效促进学生参与。具体来说，教师可以设计探究性的教学活动，让学生能够从行为、情感和认知上更多地参与；也可以通过合作的方式，激发学生的参与热情，促进学生的情感参与，进而促进认知参与。同时，教师在教学中选择合适的教学资源，让学生在课堂学习的过程中能够有效地联系生活实际，使知识具有情境性，这样也能提高学生学习兴趣，激发学生动机，提高学生参与的水平。

除了教师和学生方面，有研究者认为良好的环境也是提高学生课堂参与的重要前提。物理环境方面，学校对教学设施、设备等的改善有利于提高学生参与的程度。心理环境方面，课堂环境建构深刻地影响着学生对环境的主观感知，进而预示甚至决定学生客观的学习投入。当学生处于疏远、冷漠的环境中，他将是孤立的个体。在这种课堂环境中的学习体验将会逐渐瓦解抑或压制学生参与。因此，学生需要一个积极的课堂环境，帮助其更好地参与课堂教学活动，主要包括自由、民主、尊重、信任、理解和宽容等方面。

活动二　案例与评析

活动提示：通过案例分析，理解学生参与的类型，掌握促进学生参与的途径。

一、案例简介

“植物生长素的发现”教学案例获得了重庆市南开中学校内优质课比赛一等奖，由重庆市南开中学生物学教师王晶设计并授课。该课是 2019 年人教版高中生物学选择性必修 1 的第 5 章第 1 节，具体包括生长素的发现过程，生长素的合成、运输与分布以及生长素的生理作用。

二、案例呈现

《普通高中生物学课程标准（2017 年版 2020 年修订）》对该教学内容的要求为“概述科学家经过不断的探索，发现了植物生长素”。基于此要求，教材展示了 4 位科学家的探究性实验：达尔文（C. R. Darwin）研究了尖端与植物向光性生长的关系；鲍森・詹森（P. Boysen-Jensen）和拜尔（A. Paal）探究了达尔文所提的“影响”的本质；温特（F. W. Went）进一步证实了“影响”是一种化学物质。本节课基于科学探究开展高中生物学项目式教学，让学生在积极参与中逐渐认识到科学家对生命现象的认知遵循由外因到内因、由现象到本质的规律。具体的教学实施情况请扫描二维码查看。

教学视频：植物生长素的发现

三、案例研讨

根据学生参与的知识和原理进行案例研讨，并围绕以下问题进行分析：

（1）分析该教学案例中学生参与的情况，判断学生参与的类型，并说出你的判断理由。

（2）教学案例中教师在促进学生参与方面有哪些典型的做法？这些做法的效果如何？

（3）从学生参与的角度分析，该教学案例还有哪些需要改进的地方？请提出改进方案。

四、案例评析

本节课中，学生在教师的引导下思维上深入地参与课堂，取得了非常好的教学效果。具体来看，课堂由科学史上多个探究性实验组成，每一个实验都包含了科学探究的一般方法，即提出问题、作出假设、设计实验方案、分析结果、得出结论。通过对科学史的学习，学生可掌握科学探究的一般过程，并在课后项目中得以运用。通过课前培育观察—课中学习—课后探究的串联，带领学生在科学史的基础上，进一步设计实验，深入探究植物向光性的机理，提升学生观察、提问、实验设计、方案实施以及对结果的交流与讨论的能力。在整个教学过程中，学生既有课前参与，又有课堂中的参与；既有行为参与，又有情感和认知参与。

活动三 实作与反思

活动提示：通过文献收集与研读，加深对学生参与的理解，掌握促进学生参与的途径。

请按照下列步骤完成实作练习。

步骤 1：以学生参与的内涵和激发学生参与的方法为主题收集期刊论文和著作。

步骤 2：阅读收集到的文献，开展文献综述。

步骤 3：在小组内分享文献综述，针对分享结果进行讨论，通过概念图的形式展示讨论结果。

推荐资源

[1] 程良宏. 学生深度参与的课堂学习及其实践路向 [J]. 西北师大学报（社会科学版），2021（2）：54-60.

[2] 阎亚军. 论学生参与教育改革 [J]. 中国教育学刊，2019（2）：59-63.

[3] 王媛，周作宇. 学生参与度的类型与特征探究 [J]. 全球教育展望，2018，47（12）：38-50.

项目三
资源整合能力

资源整合能力是教师在课堂教学中对各种教学资源进行优化组合，提升教学质量的一种综合能力。根据整合内容的学科类型，资源整合可分为学科资源整合、跨学科资源整合和技术资源整合。不同的整合方式具有不同的实施路径，无论是从促进学生学习的深度与广度而言，还是从促进学生完整人格的形成而言，资源整合教学都有分科教学所不能实现的价值。

任务一
学科资源整合

学科资源是学生学习的主要资源，也是教师课堂教学内容的主要来源。学科资源集中体现为学科内的知识性资源，表现为学科教材的知识编排。学科资源整合，就是按照一定的教学目标，对学科教材知识编排的先后顺序进行调整、重组与优化，使其发挥更大的作用和价值。深刻理解学科资源整合的含义、原则、类型和路径，掌握学科资源整合的一般方法，是教师实现高质量教学的先决条件。

活动一 阅读与思考

活动提示：阅读下列内容，理解学科资源整合的含义、原则，掌握学科资源整合的类型，并能用单元整体教学的思路进行学科资源整合。

一、学科资源整合的含义

（一）学科资源

学科是教育的重要载体。通常而言，学科包括两个层面的含义，一是教育研究层面中的学术的分类，指的是一定科学领域或一门科学的分支，如自然科学领域的物理学、生物学，社会科学领域的经济学、政治学等，主要应用在高等学校的教学与研究中；二是教学实施层面中的具体的学科科目，如语文、数学、物理、化学等学科，主要应用在中小学课堂教学中。资源是各种要素的总称。《现代汉语词典》（第7版）将“资源”定义为“生产资料或生活资料的来源，包括自然资源和社会资源”。随着生产实践的深入和社会的变化，人们对资源的理解逐渐超脱自然的范畴，走向更为广阔的领域，社会、经济、信息、知识等都可作为资源被人们所利用。据此，资源的外延得以拓展，“一切能够被人类开发和利用的物质都是资源”逐渐成为研究者的共识。

学科资源是资源的下位概念，一般是指学科设计、实施、评价过程中一切可以被利用的人力、物力等资源的总和。按照不同的标准，学科资源具有不同的分类方法。从学科资源的实体存在角度，可以将学科资源分为有形资源和无形资源，有形资源如教材、教具等，无形资源如学生已有的知识、经验等；从学科资源的功用角度，可以将学科资源分为素材性资源和条件性资源，素材性资源如教材知识、教学视频等，条件性资源如课堂教学实施的时间、环境、设备等。从学科资源的存在场域角度，可以将学科资源分为校内资源、校外资源和网络化资源，校内资源如教师、学生和实验室等，校外资源如公共图书馆、博物馆、研究机构场所等，网络化资源如多媒体平台、软件、视频等。[①]

以上三种分类，尽管标准不同，但均认识到学科资源范畴的广泛，不仅包括学科的知识资源，还包括教师和学生的经验资源、教学实施的条件资源等。但并不是所有资源都能够为学科教学所用。在课堂教学中，只有真正进入课堂教学，与课堂教学有机关联的素材性资源才能称为学科资源。基于以上认识，本书将学科资源界定为：在学科教学中，围绕教学目标，教师所能利用的学科知识性资源（教材知识、教学技能等）、经验性资源（师生已有经验、教学方式等）和条件性资源（网络、媒体、设施环境等）。

（二）学科资源整合

“整合”一词可以理解为融合、综合、一体化等含义。英国教育家斯宾塞（H. Spencer）在《第一原理》中提出“整合”一词，作为与“分化”相对的概念。其后，“整合”被广泛应用于各个学科领域。生物学领域中的整合指的是有机体各层次组成部分在结构上紧密相连，功能上交叉协同，从而融合成一个完整统一的系统。在社会学中，整合指的是在社会共同体中的所有组成部分都被共同体认可。在哲学中，整合指的是相较于部分而趋于统一性和完整性，通过对内容进行细化与建构，找出相关事物与各要素之间的联系，再组成新的整合体。[②] 在教育学中，整合主要包含两层意思：从广义上看，指使学校教学系统内部分化了的各要素及其成分形成有机联系、成为整体的过程；狭义上主要是指以学科为中心的整合。即针对学科知识割裂的问题，立足学科内容改革，建立学科间的有机联系。[③] 可见，整合在不同学科领域有不同的理解，但都具有三个共同特征：一是整合通常要围绕一个具有统率和凝聚作用的核心进行；二是整合的过程是重组、建构和有序化的过程；三是整合的目标是超越部分的叠加，形成一个具有新的功能的样态。

学科资源整合即是教育学意义上狭义的整合，指的是围绕核心教学目标，针对某一具体学科资源进行新的组合和建构，形成冗余度小、结构性好、整体协调的新的教学内容的过程。这种整合不是学科资源种类的简单叠加，而是围绕教学目标，将分化的知识体系、方法、思想进行统整，进而形成有机

---

① 张廷凯. 课程资源：观念重建与校本开发［J］. 教育科学研究，2003（5）：37−39.

② BEANE J A. 课程统整［M］. 单文经，等译. 上海：华东师范大学出版社，2003：2.

③ 郭刚山，支梅. 信息技术与学科教学有效整合的实践研究［M］. 北京：北京出版社，2009：390.

联系的整体，促进学生深度理解的发生。换言之，学科资源整合是基于学生认知经验和规律，打破学科教材固有的知识编排体系，对教材内同一单元的不同知识、不同单元的同一知识和不同教材的相近知识进行重组、优化，调整学习内容与教学的重点和进度，重新设定课时，从而形成结构与逻辑分明的整体，使学科内资源更好地发挥作用的一种整合方式。

二、学科资源整合的原则

（一）整体性原则

从概念上讲，学科资源整合需要遵循整体性原则。所谓整体性原则，是指学科资源整合时应该具有整体性观念，以整体的眼光看待组成部分，优化部分结构，实现整体功能大于部分之和的效果。换言之，学科资源整合时要站在学生认知思维发展的角度，从整体的角度对各种资源的关系进行认真的分析和比较，选取有用资源进行有效整合，以达成教学目标。

遵循整体性原则，学科资源整合实施时需要把握两个方面。一方面是整体性思维。对于学科资源，教师需要进行整体规划。通常而言，学科资源内容上存在多种整体。纵向而言，各个学段、各个年级的学科知识自成体系，可以视为一个整体；教材内的某个单元、单篇课文也可以视为一个整体。横向而言，不同版本的教材，同一年级教材的知识、单元也可视为一个整体。这就要求教师在学科资源整合时具有整体性思维，用一条或几条相互交织的线索将这些看似零碎的内容串起来，形成一个结构清晰、逻辑严谨的整体，这种清晰的线索通常又被称为“大概念”、“大观念”或“大问题”等。另一方面是整体性设计。在学科教学设计时，教师要综合分析要解决的教学问题或达到的教学目标，然后密切围绕确定的教学目标设计教学的各个环节，保证教学目标、教学活动和教学评价三者的一致性，使得课堂教学设计的各个要素能够相辅相成、相互促进，产生整体性效应。

（二）重组性原则

从方法上讲，学科资源整合需要遵循重组性原则。所谓重组性原则指的是在学科资源整合时，要按照优势互补的要求，对教材知识编排体系进行重新优化组合，以形成新的知识结构，使其更好地被教师讲授和被学生理解。

按照重组性原则，教材知识的相关性与学生学习的接受性是学科资源重组的关键。从教材知识的相关性而言，教师需要对所教学科的知识体系有清晰、完整的认识和把握。从学科知识结构的安排来看，同类知识或相似知识会随着年级的提高而呈螺旋式上升并逐渐深化的趋向。还有一些知识点虽然与之前或之后的知识点之间并没有重复，但是它们之间具有很强的互补性，具有通过重组能够整合教学的可能。学科知识的这种特点，对教师进行学科资源整合、完成教学目标提出了挑战。这就要求教师熟练把握教材的知识结构，对于同一或互补的知识点的发展脉络具有清晰的认知，能够用一种合理的方式将这些知识点结合起来并传授给学生，这是实现重组优势互补的前提条件。

从学生学习的接受性而言，教师需要对学科课程标准具有深刻的认识。学科课程标准是实施课堂教学的依据，学科知识能否整合、整合后是否适合该学段学生的学习？都要遵循课程标准而定。这要求教师必须深入理解和把握学科课程标准。比如，对小学生语文学科“表达与交流”能力的培养而言，《义务教育语文课程标准（2022 年版）》对第一学段的要求是：能较完整地讲述小故事，能简要讲述自己感兴趣的见闻。对第二学段的要求是：能清楚明白地讲述见闻，说出自己的感受和想法；讲述故事力求具体生动。基于这种要求，教师如果强行把一些高难度的知识点整合到中低学段的教学活动中，就会加大学生的学习负担。在某种程度上，深刻理解课程标准是学科资源重组达成效果的决定因素。

（三）学科性原则

从内容上而言，学科资源整合需要遵循学科性原则。所谓学科性原则指的是学科资源整合的知识必须是同一学科并且高度关联的，这些知识整合在一起便于学生加深对学科知识的理解，形成学科素养。

学科性原则给学科资源整合划定了边界，这对教师学科资源的选取提出了更高的要求。一方面，学科资源整合要求教师注重整合内容的学科性。通常而言，学科知识具有相对独立性，它的研究对象、语言系统和研究范式具有鲜明的特征。对于中小学各学科而言，尽管教材可能一纲多本，但其内容的选取基本围绕学科知识体系进行。学科资源整合的首要目的是加深学生对学科知识内容的理解，整合学科资源也应该紧紧围绕学科本体性知识进行，保证课堂教学的学科性。另一方面，学科资源整合要求教师注重整合内容的相关性。某种知识能够整合进教学知识体系中，前提是这些知识和教学目标、教学内容具有高度相关性，隶属于同一学科体系，服务于同一学科能力。不相关的知识资源整合进课堂教学可能会冲淡教学主题，弱化学科教学目标的达成。因此，学科资源整合时应该牢牢把握学科性原则，使课堂教学服务于学科知识体系的理解和学科核心素养的培育，而不是服务于某种虚无的能力培养，造成课堂的低效。

三、学科资源整合的类型

学科资源整合是在某一学科内以一定的逻辑为线索进行的内部融合。教材是学科资源的主体，反映学科的知识体系，体现教师的教学逻辑和学生的学习逻辑，因此，学科资源整合的重心在于教材内容的整合。目前，中小学各学科教材基本上是以单元为体例进行编排的，以相对独立的知识点为课时进行实施。基于这种教材的安排和实施，学科资源整合可以分为单课整合、单元整合和跨单元整合。

（一）单课整合

单课又称单个课时，是课堂教学的主要安排方式。单课教学的内容多为学科的一个或几个知识点。在传统教学中，教师多按照教材提供的样例进行分散知识点的教学，但这种教学使学生习得的是一个个分散的知识，形成的是割裂的认知。单课整合即是围绕学科或课程核心素养，针对某一个或几个知识点，结合学生的学习经验、教学条件等，比较选择不同教材的样例，进行有效的教学整合，以突破重难点，使学生形成整体性认知。在单课整合中，教师对知识的理解程度决定着整合的力度，也影响着课堂教学的效果。例如，对于小学数学“平行四边形的面积”一课而言，是让学生掌握平行四边形面积的计算方法这个知识性目标为主，还是让学生理解数学学习中的转化思想为主，不同的理解会有不同的整合思路，教师选择的情境、使用的样例、拓展的空间、练习的难度和课堂效果也会不同。因此，单课整合是课堂教学的常态，不同的理解与整合方式决定着课堂教学的效果。

（二）单元整合

单元是整体中自成段落、自为一组的单位。在教材中，单元是学科知识的基本单位，为了便于学生知识的学习，教材在编排时往往把学科知识分为一个个主题单元，主题单元内相关知识的关联则需要教师进行重构。单元整合即是以教材所设定的单元为单位，将单元内知识按照大概念进行有机重组，使单元知识结构化，形成一个新的整体，进而加深学生对知识的理解。在单元整合中，找到统摄的大概念尤为重要。比如，部编版普通高中语文必修下册第二单元，有《窦娥冤（节选）》《雷雨（节选）》和《哈姆雷特（节选）》三篇文章，在单篇学习充分理解文本后，教师可以补充大概念：“如何通过话剧表现人物形象”，进而增加课时，引导学生抓住戏剧的三大要素——人物、冲突、环境，对戏剧的基本常识、艺术特点、表现方法等进行学习，可以在更高层次提升学生的学科核心素养。由此，通过单元整合，可以促进知识的关联化，加深学生对知识的理解和融会贯通。

（三）跨单元整合

为了便于学生对知识的掌握和理解，教材的编排往往遵循“螺旋上升”的原则，即把同一知识按照不同的层次放在不同的学段中，这符合学生的认知特点，但在某种程度上人为割裂了知识的整体性，不利于学生对知识的系统掌握。为了弥补这种缺陷，教师在教学中需要立足于某一学科，结合学生的学习生活经验，跨出单元编排框架，寻找不同年级、不同学段甚至不同版本的教材单元的内在联系，将相关联的知识进行重组整合，以构建新的知识框架。在跨单元整合中，立足学科、寻求学科知识的连贯性和统一性非常重要。例如，语文学科跨单元整合，便可以采取横向拓展、纵向加深、多向“链接”的形式充实教材内容。内容整合的形式也多种多样，可以以节选的文章为基点，向整篇或整部著作扩展；也可以以某一作品为基点，向同一文体的其他篇章扩展。还可以以某位作家的作品为基点，向介绍这位作家的传记或评述性文章扩展；或以某篇作品为基点，进一步向这位作家的其他作品扩展；甚至以教材为基础，精选几篇相关读物组织一次专题性学习等。由此，通过跨单元整合学习，可以促进学生知识的系统化，使其形成学科能力。

四、学科资源整合的实施

学科资源整合在教学实践中一般以单元整体教学的形态实施。所谓单元整体教学，指的是立足于单元整体，关注教学素材之间的内在联系，聚焦单元主题，以结构化学程的整体建构和推进来引导学生走进深度学习的教学样态。单元整体教学的出发点是跨单元整合知识，基本整合单位是单元，具体实施途径是单课课时，其本身代表了单课整合、单元整合和跨单元整合的三种学科资源整合类型。因此，单元整体教学是学科资源整合实施的典型样态。单元整体教学实施一般又以大单元、大概念、大问题为核心，具体包括五个步骤。

（一）确立单元主题

主题是单元整体教学实施的中心和课堂教学创设情境的依托。从教学实践来看，单元主题的确立遵从学科核心素养—学科大概念—单元主题的路径，即明晰学科核心素养，基于学科核心素养提取学科大概念，围绕学科大概念确立单元主题。

明晰学科核心素养是确立单元主题的前提。学科核心素养是实现学生发展核心素养的重要途径，是完成一门学科学习后，留在学生身上的学科核心育人价值的体现，也是教师进行学科教学的最终目的。明晰学科核心素养需要教师深度理解课程标准，在学科课程标准的框架下进行单元整合。基于学科核心素养提取学科大概念是确立单元主题的关键。学科大概念是指向学科核心内容和核心任务、反映学科本质的，能将学科关键思想和相关内容联系起来的关键的、特殊的概念。提取学科大概念，需要教师深度理解教材体系，在学科核心素养的指引下，全面解析教材知识间的关联，提取出能够统领整个单元的学科大概念。围绕学科大概念确立单元主题是确立单元主题的落脚点。单元主题是学科大概念的具体化，是不同知识能够整合的连接点。确立单元主题，需要教师具备整体观念，善于用联系的思维看待知识与知识、知识与生活、知识与实践的关系，求同存异，把握单元整体架构。

（二）设计单元目标

单元目标是单元整体教学实施的关键，其设计在某种程度上决定了单元主题的认知程度、完成效果，也指引主题活动的开展。区别于一般教学目标，单元目标的设计更注重知识的整体性和系统性。在具体设计时，需要从纵向与横向两个方面进行考量。

从纵向而言，设计单元目标要进行上下关联。即要在主题的统领下，以学科知识为线索，向上关联旧知，向下关联新知，使知识形成一个脉络清晰互相联系的整体，从而确定单元整体教学目标的指向性。例如，西南师大版小学数学三年级下册“长方形和正方形的面积”这一单元，从单元整体出发，纵向关联时，需要补充已有旧知长方形正方形周长的计算和由此产生的新知长方形正方形周长与面积的关系等，从而确定教学目标，让学生形成一个更为系统性的认识。从横向而言，设计单元目标要注重教材中不同单元的关系和单元课内与课外知识的关联。教材中的不同单元具有独立性，也具有关联性，基于这种特点，设计单元目标便可以有主次之分，根据单元主题的重要性，进行适当调整。同时，围绕单元主题理解，还可以将课内与课外知识联系起来，既从课内找到知识的来处，又从课外找到知识的用处，实现知识的融会贯通，从而在更深层次达成单元目标。

（三）选择单元内容

教学内容是单元目标实现的依托，也是单元整体教学实施的保障。一般而言，教材规定了教学的主要内容，但如何重组这些内容为教学目标服务，则需要教师进行针对性的选择。单元整体教学的内容通常从三个方面进行选取。

一是教材单元内容。教材是单元整体教学主要依托的载体，教材提供的范例是教师教学的主要内容。但教材呈现的是静态的知识，如何将之动态化、过程化则需从整体的角度进行处理，也更为考验教师的学科资源整合能力。例如，“长方形和正方形的面积”这一单元，教材呈现了长方形面积的推导过程，也呈现了正方形面积的推导过程，但如何处理长方形面积与正方形面积的关系则需要教师厘清两者的内在联系。二是教材单元外的相关内容。单元整体教学的目的之一是形成知识的网络化、结构化，这需要教师根据学生的学习情况删减或补充单元外的相关知识。例如，学生学习小学数学《圆的面积》单元后，基本完成了小学阶段平面图形的面积计算方法。此时，教师补充平面图形面积推导的共同方法——转化，可以促进学生形成平面图形面积计算的整体性认识。三是学科交叉领域内容。选取教材与其他学科交叉领域的内容，可以拓宽学生的视野，加深学生对知识的理解。例如，西南师大版小学数学五年级上册“认识公顷与平方千米”一课，教师基于单元整体设计，可以选取“面积单位的由来”主题数学文化作为教学内容，体现劳动人民的数学智慧，从而促进学生更深层次地理解单元主题，达成单元目标。

（四）实施单元教学

教学实施是开展单元整体教学的蓝图。在单元整体教学实施上，中小学探索出了多种有效的教学模式，最具代表性的是以情境—任务—活动为主线的教学实施模式。

情境是课堂教学的载体，创设能够支撑整个单元的、整合性的真实情境是单元整体教学实施的首要环节。通过创设真实的情境，将学科要解决的问题信息蕴含在特定的情境中，学生通过对情境中的相关信息进行积极的感知和理解来学习学科知识。这样可帮助学生经历学科知识的产生过程，让学生明白为什么提出学科主题，从而在习得知识的同时形成学科核心素养。任务是情境的聚焦。结合教学目标，根据创设的情境，将目标转化为可探讨的任务，是单元整体教学实施的关键环节。单元整体教学视域下的任务不是掌握单一知识和培养单一能力，而是解决真实问题。任务内部和任务之间，不是独立存在的个体，而是富有逻辑联系的整体，共同服务于单元主题。活动是任务解决的过程。根据情境和任务提供的材料，学生开展有目的、有方向的自主、合作、探究活动，是单元整体教学实施的主要体现。在单元整体教学过程中，学生和教师需要合作与互动，这依赖于设计序列连续性和进阶性的活动。一方面，学生可以在活动过程中完成单元任务，深化对单元主题的理解；另一方面，完成活动的过程又可以激发学生的学习兴趣，发展合作意识，促进健全人格的养成。

（五）单元教学评价

评价是单元整体教学的关键环节，也是教师了解教学过程、调控教和学的行为、提高教学质量的重要手段。单元整体教学评价一般围绕教学目标展开，以学科知识内容和学业质量标准为依据，聚焦学科素养的达成，注重教师的教和学生的学的改进。

在评价理念上，单元整体教学评价注重“教学评一致性”。所谓教学评一致性指的是由目标导向的学评一致性、教评一致性和评学一致性三个因素组成，教、学、评两两之间存在着一致性关系，进而组成一个整体。[①] 基于这种理念，单元整体教学的教学评价是教学过程中各个主体发现问题、解决

---

① 吴星，吕琳. 核心素养培养需要“教、学、评”一体化［J］. 江苏教育，2019（19）: 22-25.

问题，最终使教学活动朝着预期方向发展的重要方式与手段。评价的核心理念或价值观应该是促进学生的学习与发展，并以此反思教师自身的教学及其专业发展，即通过及时的反馈来调动学生的学习主动性和积极性，并且能有效反转教学过程，以促进和完善教师的教。在评价方式上，单元整体教学评价注重评价方式的多元化。单元整体教学评价不仅注重学生学习的结果性评价，更注重学生学习的过程性评价。过程性评价旨在学习过程中了解学生的学习情况，以提供持续的反馈信息用于帮助教师提高教学，对于学生来说是要促进学生的学习，便于学生看到自己的长处和不足，以及需要更加努力的地方。

单元整体教学的五大步骤贯穿在学科资源整合的全过程。但教师在具体教学实施时也可以根据实际的教学内容、教学情境和学生的身心发展特点等做适当的调整，如将教学内容的选择和课堂教学的实施融合在一起等。因此，在教学设计的环节上可能会有不同的表现形式。

活动二　案例与评析

活动提示：阅读以下案例，思考单元整体教学设计思路进行学科资源整合的适切路径，并体验学科资源整合的特有价值。

一、案例简介

细胞的生命历程是人教版高中生物学必修 1 第 6 章的内容，包括三个小节：细胞的增殖、细胞的分化、细胞的衰老和死亡。如何以大概念为统领，进行单元整体教学设计？浙江省 2018 年高中生物学教学评比活动中，开展了以重要概念“细胞会经历生长、增殖、分化、衰老和死亡等生命进程”为主题的单元教学设计评比。本案例是在温州中学柯建星老师等获奖选手的设计基础上修改而成的。①

二、案例呈现

（一）目标设计

1. 通过“模拟有丝分裂过程中染色体行为”活动，学习模型与建模的研究方法，并能运用结构与功能观来解释有丝分裂过程中遗传信息在亲、子

① 周初霞. 聚焦生物学重要概念的单元整体教学设计实践研究［J］. 生物学教学，2019（4）：7-10.

代细胞间的一致性。

2. 通过“制作和观察根尖细胞有丝分裂简易装片”活动，学会正确使用实验器材，如实记录实验结果，并依据实验结果构建染色体、染色单体、核 DNA 数量变化的数学模型；尝试分析影响实验结果的原因。

3. 通过对细胞分裂、分化、衰老、凋亡相互关系的分析和讨论，能够运用稳态与平衡观、局部与整体观，解释癌症等疾病的发生原因，深入探讨并提出治疗癌症的设想，认同健康文明的生活方式。

4. 通过搜集有关细胞研究和应用方面的信息并进行交流，学会运用生物学原理解释人口老龄化、癌症、干细胞研究等社会议题，加深对科学、技术、社会相互关系的认识。

（二）教学实施

1. 创设情景，导入主题

播放视频：人的一生，从受精卵经过胚胎发育、个体发育和生长等阶段，直至老年，并定格受精卵、婴儿、青少年、老年等阶段的画面。

提出核心问题：“从生理上来分析，人的一生发生了哪些变化？从细胞水平上来分析，这些变化是如何实现的？”引导学生从细胞水平来认识细胞的分裂、分化、衰老、凋亡等生命进程。

2. 任务 1：探究细胞通过分裂增殖

情境：从受精卵到个体发育的过程中，如何实现细胞数目的不断增加？细胞分裂时如何保证染色体的精确均分？

活动 1：尝试构建细胞分裂各时期染色体行为的模型，展示人、果蝇等不同生物的染色体组成图，引导学生分析不同生物染色体的数目和形态不同；体细胞内的染色体成对存在，不同对染色体之间大小、形态有差异。学生小组合作利用毛根建构一个细胞中含有 2 对染色体的模型；建构分裂一次后子细胞中的染色体组成模型；建构在细胞分裂过程中可能会出现的 3 个染色体行为变化最具特点的静态模型。然后让学生观看细胞进行有丝分裂的真实视频，并对自己建构的模型进行对照，修正模型。

活动 2：小组合作制作和观察根尖细胞有丝分裂临时装片。教师引导学生对实验结果进行分析，帮助学生更深刻地理解有丝分裂各时期的特点；并尝试对实验结果的影响因素进行分析、提出改进建议。

活动 3：构建细胞有丝分裂过程中染色体、染色单体、核 DNA 数量变化的数学模型；通过小组合作，依据实验结果，利用表格法整理有丝分裂各时期相关的数量变化，并用坐标曲线来表示数量变化过程。引导学生比较物理模型和数学模型的不同点，感悟数学建模的研究方法。

3. 任务 2：讨论细胞通过分化产生不同类型的细胞

情境：播放人从受精卵形成到胎儿形成过程的视频，说明人体内有 200

多种类型的细胞；展示人造血干细胞的分化过程的图片。

活动 1：根据视频和图片，小组合作讨论细胞分裂与分化的相关问题，尝试建构细胞分化的概念，明确细胞分化与个体发育的关系。讨论细胞分化异常（如细胞癌变）的成因、预防和治疗等相关问题，并提出健康生活方式建议。

活动 2：阅读美国科学家斯图尔德的胡萝卜组培实验、蝌蚪肠细胞核移植实验和培育“多莉”羊等资料，总结影响细胞全能性表达的可能因素。小组合作提出利用细胞全能性寻求人类移植器官来源的可能途径。

活动 3：课后查阅人类利用骨髓移植、干细胞技术等治疗白血病的资料，进行课堂交流。

4. 任务 3：认同细胞衰老与凋亡是自然的生理过程

情境：展示老年人的图片，观察老年人的体貌特征，如皱纹和老年斑等。提出问题：老年人有哪些生理变化？ 人体为什么会衰老？

活动 1：估一估一个人的一生大约有多少天，3 000、30 000 还是 300 000 天。画一画你的同桌 80 岁时的模样。小组合作从细胞的成分、结构、功能等对细胞衰老的特征进行分析，归纳出衰老细胞的特征。

活动 2：阅读细胞凋亡研究科学史相关资料。分析人体如何清除衰老细胞，理解细胞凋亡的意义，比较细胞凋亡与细胞坏死的区别。

活动 3：播放关爱阿尔茨海默病的一则公益广告，展示我国人口老龄化的数据。小组通过角色扮演，讨论人口老龄化带来的问题以及我们的应对策略。

（三）教学评价

（1）在“制作和观察根尖细胞有丝分裂临时装片”活动时，能依据实验量规熟练完成显微镜操作、临时装片制作等实验步骤，如实记录和分析实验结果，并能自行调整、设计实验改进方案。需要具备科学探究的四级水平。

（2）在学习“细胞的生命进程”时，能用模型、概念图来解释生命进程中发生的规律性变化，并对自己的现实生活问题作出决策。需要具备科学思维的四级水平。

（3）在学完“细胞的生命进程”后，能初步运用结构与功能观、物质与能量观解释有关生命现象，比较不同生命现象特征之间的差异。需要具备生命观念的四级水平。

（4）在学完“细胞的生命进程”后，能通过文献调查、访谈等方法，针对本地的癌症、人口老龄化、生物技术产品应用等社会热点问题进行讨论，提出自己的见解并加以评论，辨别伪科学、制订并践行健康生活计划。需要具备社会责任的四级水平。

三、案例研讨

认真阅读案例，分组研讨以下问题：

（1）本案例的主题是如何确定的？单元大概念与小概念之间的关系是怎样的？应如何认识和处理这种关系？

（2）本案例的教学目标是如何确定的？单元整体教学的单元目标与课时目标应该如何确定？

（3）本案例的教学设计中情境、任务与活动有什么关联？活动对于任务的达成起到了什么作用？请举例说明。

（4）结合本案例，想一想单元整体教学设计时，应该如何围绕大概念进行系统的课时规划、有序的教学实施和合理的教学评价。

四、案例评析

细胞的生命历程是单元整体教学设计的典型案例。该案例将单元的三大知识“细胞的增殖”“细胞的分化”“细胞的衰老和死亡”进行统整，提出了“细胞会经历生长、增殖、分化、衰老和死亡等生命进程”这一大概念，由大概念统领进行单元整体教学设计。该案例对单元整体教学整合具有以下三点启示。

一是以重要概念为主题进行单元整体教学设计。高中生物学单元整体教学设计应以什么为主题？“内容聚焦大概念”是高中生物学课程的基本理念之一，在大概念的基础上再概括、提炼出生物学独特的核心素养——生命观念，同时在学生主动学习的过程中发展科学思维、科学探究和社会责任等学科核心素养。因此，生物学单元整体教学设计时要着重考虑生物学大概念的建构。大概念是在若干重要概念的基础上形成的，重要概念又是在次位概念的基础上形成的，次位概念则是基于若干生物学事实性知识形成的。本案例中，教师从“细胞会经历生长、增殖、分化、衰老和死亡等生命进程”这一重要概念出发，通过分析其与下位概念（“细胞通过分裂增殖”“细胞通过分化产生不同类型的细胞”和“细胞凋亡是编程性死亡”等）和相关概念（“细胞的生存需要能量和营养物质，并通过分裂实现增殖”“减数分裂产生染色体数量减半的精细胞或卵细胞”和“遗传信息控制生物性状”等）的逻辑关系，将单元教学内容作为一个整体，从而使整个单元课时规划有序合理，教学内容聚焦，便于学生对概念的深度理解。

二是确定指向学科核心素养的单元学习目标。单元学习目标对单元整体教学具有引领性作用，设计单元学习目标需要以学科核心素养为导向整体设计。而确定单元学习目标的直接依据是课程标准。以本案例为例，研读课程标准可以从三个方面入手：第一，从课程层面理解生物学学科观点与大概念，并分析大概念之间的关系和大概念与生命观念之间的关联性；第二，从模块层面分析课程知识结构，列出模块体现的学科观点与大概念；第三，以重要概念为单位，从单元层面来区分事实和概念，厘清单元重要概念的建构需要基于哪些次位概念的学习，单元重要概念与其他重要概念之间有何内在逻辑关系，单元重要概念对大概念形成有什么支撑作用等，并建构概念图。在此基础上，结合分析学习者的已有知识背景和学习能力等学情，确立单元学习目标。本案例设计了四个单元学习目标，其中前三个属于围绕大概念的小概念目标，第四个目标则将三个概念进行关联，是一种整合式的目标。整体指向了生命观念的学科核心素养。

三是设计"情境—问题—活动"为主线的单元教学蓝图。单元整体教学设计要以"情境—问题—活动"为主线来开展教学活动，帮助学生在深度学习过程中逐步发展学科核心素养。本案例中，首先，创设能够支撑整个单元的、整合性的真实生物学情境："人的一生，从受精卵经过胚胎发育、个体发育和生长等阶段，直至老年，并定格受精卵、婴儿、青少年、老年等阶段的画面。"其次，结合情境提出研究性问题："从生理上来分析，人的一生发生了哪些变化？从细胞水平上来分析，这些变化是如何实现的？"引导学生从细胞水平来认识细胞的分裂、分化、衰老、凋亡等生命进程。这将学科要解决的问题信息蕴含在特定的情境中，让学生通过对情境中相关信息的积极感知和理解来学习学科知识。这样可帮助学生经历生物学知识的产生过程，让学生明白为什么提出这一生物学概念，从而在习得生物学知识的同时形成生物学的学科核心素养。最后，基于情境提出核心问题（或任务），呈现系统化、多样化的学习材料，设计探究性学习活动。本案例中设计了 3 个任务、9 个活动，学生通过自主、合作、探究将知识学习引向深入，并解决课堂情境中提出的问题，以保证教学目标的实现。

活动三　实作与反思

活动提示：按要求完成下面实作并评价实作群文阅读设计的优点与不足。

跨单元整合是学科资源整合的重要类型。近年来，中小学语文学科在跨单元整合上探索出群文阅读的整合范式。所谓群文阅读指的是围绕具有某种共性的任务，通过以不同的方式对多文本进行多向度的解读，最终实现问题解决和情感领悟的一种学习方式和学习过程。[①] 群文阅读教学中，议题的选取尤为重要。

---

① 何立新，王雁玲. 基于问题解决的群文阅读教学实践尝试［J］. 语文建设，2017（4）：27-30.

下面几篇文章为初中语文九年级教材及课外相关作家的选文：鲁迅的《孔乙己》、吴敬梓的《范进中举》、契诃夫的《变色龙》、莫泊桑的《我的叔叔于勒》、屠格涅夫的《乞丐》和汪曾祺的《陈小手》。

认真阅读这 6 篇文章，并完成：

（1）请仔细比较 6 篇文章的相同点和不同点，选择一个合适的议题作为群文阅读的主题。

（2）围绕议题，设计一个跨单元整合的群文阅读课例，并向同学展示课例的设计思路。

推荐资源

[1] 梁秀华，王向东. 以大概念推进结构化学习：构念溯源、素养功能与协同路径 [J]. 中国教育学刊，2023(2): 36-41.

[2] 李俐，邹雅红. 小学语文单元教学整合的研究与实践 [J]. 教育理论与实践，2022 (5): 51-53.

[3] 吕立杰. 大概念课程设计的内涵与实施 [J]. 教育研究，2020 (10): 53-61.

任务二
跨学科资源整合

跨学科资源是指两门或两门以上的学科资源。通常而言，学科具有相对独立的知识体系，进行跨学科资源整合，其目的不是叠加传授多门学科的知识，而是打破学科壁垒，沟通学科联系，形成一种整体性、综合性的知识，并运用知识提高学生解决问题的能力。在实践教学中，跨学科整合可分为知识整合、生活经验整合和学生发展整合三种取向，通常以问题、项目、任务等为载体开展，中小学比较盛行的“学科 +”学习、项目式学习、STEAM 学习等都是跨学科资源整合的常用方式，在中小学育人实践中发挥着重要的作用。

活动一　阅读与思考

活动提示：阅读以下内容，理解跨学科资源整合的含义，认识跨学科资源整合的基本取向，掌握跨学科资源整合实施的不同范式。

一、跨学科资源整合的含义

（一）跨学科资源

美国资深课程论专家雅各布斯（H. H. Jacobs）认为，跨学科是一种知识观或课程方法，它运用多学科的方法论或语言来探究某一中心议题或问题。[①]国内对跨学科的研究始于 20 世纪 80 年代，在“跨学科”的诸多定义中，刘仲林的观点比较有代表性，他认为从学术角度出发，“跨学科”至少包含三层含义：一是打破学科壁垒，有机融合不同学科的理论或方法进行研究和教育；二是众多跨学科的总称；三是以研究跨学科规律和方法为基本内容的更高层次的学科。[②]综合国内外学者对“跨学科”的定义可以发现，“跨学科”具有四个显著特征：第一，“跨学科”是以学科为基础，但不是一门学科，

① JACOBS H H. Interdisciplinary curriculum：design and implementation [M]. Alexandria，VA：Association for Supervision and Curriculum Development，1989：8.

② 刘仲林. 跨学科学导论 [M]. 杭州：浙江教育出版社，1990：20–21.

是可以弥补单一学科局限性而发展起来的知识观或课程方法;第二,“跨学科”学习要以真实情境为背景;第三,“跨学科”教学要聚焦主题,以提出问题为出发点,以解决问题为落脚点;第四,“跨学科”的内容涉及多门学科的知识、方法、工具等,其目标是弱化学科边界,形成一种完整的综合性知识(广义上的知识)并运用知识提升学生的创新能力等。

基于对跨学科的理解,跨学科资源即为多个学科中需要整合渗透的、具有关联性的、服务于共同目标的知识性、经验性和条件性资源。区别于单个学科资源,跨学科资源包括两方面的内容。一方面是多个学科自身的资源,即多个学科自身包含的知识性、经验性和条件性资源,其包含的学科领域更为广泛;另一方面是沟通连接多个学科知识后所形成的新的知识、技能、方法、经验等资源,其在跨学科的基础上生成了更高层次的学科,包含的资源层次更为高级。

(二)跨学科资源整合

学科资源是围绕教学目标,教师所能利用的知识性、经验性和条件性资源。整合是围绕一个具有统率和凝聚作用的核心而进行的,是重组、建构和有序化的过程;其目标是超越部分的叠加,最终形成一个具有新的功能的样态。因此,跨学科资源整合可以界定为:围绕核心的教学目标,多个学科间淡化边际,针对学科间相关联的学科资源进行新的组合和构建,形成可用于问题解决的有机整体,促进学生的深度理解,并提升学生的问题解决、批判性思维、创新等多项能力。

根据整合过程中学科间的关系,跨学科资源整合又可以分为学科辅助式和学科并列式两种整合方式。学科辅助式整合通常是以某一学科为基础,打破学科界限,用其他领域的相关内容对其知识体系进行分解或扩充,从而找到两者或多者间一致性的融合。而学科并列式整合通常是围绕一个主题,根据主题来选择多个学科内容,通过内容、时间、空间的融合来有效解决主题问题的融合方式。区别于学科辅助式整合,学科并列式整合中的多个学科关系是并列的,内容是同等重要、没有主次之分的。值得注意的是,无论是何种整合方式,跨学科资源整合并非多个学科间知识、方法的简单堆积、重叠,而是在大学科思想指导下,立足于学科的基础知识和共性,将不同学科间的知识方法进行精选、加工和深度融合。

二、跨学科资源整合的基本取向

跨学科资源整合要求打破学科界限,实现多个学科资源的有效整合。如何将多个学科的独立知识紧密关联实现有效整合?一般而言,跨学科资源整合具有三种整合取向。

（一）学科知识整合取向

所谓学科知识整合取向是指跨学科资源整合时从学科知识入手，通过分析学生已有知识经验及各学科的知识结构特点，在不同学科知识点之间找到连接点与整合点，将分散的学科知识按照一定的逻辑连接在一起的一种整合取向。[①]

学科知识整合取向一般以基于问题的学习模式（Problem-Based Learning）开展。在跨学科资源整合实施时，通常会将各个学科的知识改造成问题，通过序列化、关联化的问题串起各学科之间的联系，使课堂要素形成有机联系和有机结构。在具体教学过程中，教师往往会创造一个问题情境，学生会综合运用各个学科的相关知识，解决情境中提出的任务，通过任务的解决加深对知识的理解和运用，形成解决问题能力和自主学习能力。在学科知识整合取向中，寻找不同学科知识的连接点至关重要，这需要教师熟练把握多个学科的知识体系，增强知识应用的敏感性。在日常教学过程中，教师也应有意识地挖掘可整合的跨学科知识点并进行有效连接，实现知识的互通活用。

（二）生活经验整合取向

生活经验整合取向是指跨学科资源整合时以形成儿童经验和真实问题解决能力为目的，从儿童视角出发设计结构化的项目活动，让学生在活动过程中积累生活经验、习得蕴含在项目中的多学科知识和技能的一种整合取向。

生活经验整合取向一般采用基于项目的学习模式，即项目式学习（project-based learning，PBL）开展。在跨学科资源整合实施时，通常会以实践性项目为核心，将跨学科的内容、高阶思维能力发展与真实生活情境联系起来，通过学生解决真实问题的过程，获得跨学科的知识和能力，并积累创造性运用知识解决真实问题的生活经验。在项目式学习中，选择合适的项目并进行结构化设计尤为重要，这要求教师在设计和呈现学习任务时，应尽量将新呈现的教学内容与学生已有的知识背景以及生活经验联系起来。[②] 教师不仅关注学科知识，更要关注教材内容以外的知识体验和经历，在实际教学中为学生设计更多实践性活动，丰富学生问题解决的生活经验和将学术型知识转化为生活经验知识的体验。

---

① 余胜泉，胡翔. STEM 教育理念与跨学科整合模式［J］. 开发教育研究，2015（4）：13-22.

② 李晓东，赵群. 教育心理学［M］. 北京：北京大学出版社，2008：175-194.

（三）学生发展整合取向

学生发展整合取向是指跨学科资源整合的出发点是满足学生的个性发展，以学生的生活经验为基础寻找各学科知识连接点的一种整合取向。这一取向突出学生的成就感和自我效能感，注重分享、创造的愉悦和激发学习兴趣，是人本主义教育思想在教学上的体现。

学习发展整合取向一般采用学生主导任务的方式开展。在教学过程中，学生是跨学科资源整合的主体。学生根据自己的兴趣，以个体或小组为单位提出研究任务，通过自我分析、调查研究，综合运用多学科知识，最终解决问题，形成方案。这一问题解决过程中，教师主要发挥协调、指导、检查、督促和评价作用。这种模式的优点是能够发挥学生的主观能动性，培养自主学习能力，发展兴趣爱好；缺点在于能力弱的学生在学习过程中会感到不适应，需要教师付出更多的精力去指导。这种模式通常应用于学生活动比赛中，是活动育人的一种体现。

三、跨学科资源整合的实施范式

在跨学科资源整合的教学实践中，教师为主体进行资源整合是中小学跨学科教学的主要形式。基于不同的价值取向，跨学科资源整合的时空组织形式、知识传递方式和师生关系也具有一定的差异。总体而言，跨学科资源整合的教学有两种不同的实施范式："学科 +"整合范式和"学科综合"整合范式。

（一）"学科 +"整合范式

"学科 +"整合范式是学科辅助式整合在教学实践中的体现，指的是跨学科资源整合时以一门学科为主，其他学科或相关知识为辅，整合进主学科之中，为主学科服务的整合范式。在该种范式下，学科与辅助学科的"+"不是简单的知识合并，而是基于问题解决，以某一问题为逻辑起点，有主次、有重点地将解决问题的多种教育资源进行融合，"+"的根本目的在于理解主学科的知识体系，完善主学科的知识结构。例如，教师在教学苏教版高中化学必修 2"化学反应与能量变化"这一专题时，可引导学生根据能量转化方式，以化学学科为基础，结合物理学的能量守恒定律、生物学的光合作用和呼吸作用等知识，联系生产生活实际，探寻解决问题的路径，实现跨学科学习。在"学科 +"整合范式下，找到主要学科与辅助学科知识的联系至关重要，通常的做法为"找焦点"和"做连接"。

"找焦点"即找到知识点整合的焦点。以"生物学 + 化学"为例，从两个学科的角度分析有哪些知识整合点。例如，在化学中，拉瓦锡在 18 世纪

80 年代已证明呼吸与燃烧均是氧化作用；而在生物学中，科学家又几乎同时发现光合作用本质上是呼吸的逆过程。新陈代谢由合成代谢和分解代谢组成，前者是生物体从环境中取得物质，转化为体内新物质的过程；后者是生物体内的原有物质转化为环境中的物质。这两个过程都由一系列的中间步骤组成，中间代谢就是研究其中的化学途径的，在物质代谢的过程中还伴随有能量的变化。其中不仅有科学知识的讲授，还有科学史知识的普及。[①] 部分可整合的知识点如表 3-1 所示。

表 3-1 “生物学 + 化学”的整合

知识点	跨学科整合点
能量转化	生物学、化学：能量转化 化学：化学反应的放热和吸热
氧气与呼吸	生物学：光合作用的本质是呼吸的逆过程 化学：呼吸、燃烧是氧化作用
光	生物学：绿色植物光合作用在其不同生长阶段对光的波段要求不同 化学：氟化镁作为玻璃、光学透镜等的镀膜材料

“做连接”即实现主学科与辅助学科知识点的连接。要保证两个学科跨学科知识点的有效整合，不仅要先找到原学科的知识点，而且要保证这些跨学科课程内容的科学性和可行性。从科学性而言，教师要设计实质性的内容。这里所说的实质性的内容即是上述所说的整合的知识点，要为这些知识点创设一定的情境，使学生既对要整合的内容感兴趣，又能引发学生对两个学科内容进行综合性思考，让学生知道自己所学的生物学和化学学科是与现实生活紧密相连的。此外，这些实质性的内容要能足够分解成两个学科容量相当的知识点，确保满足跨学科整合教学中学生的思维空间，也能使学生在教师的引导下，建立两者之间的联系，并建构相关的概念意识，从而达到整合的目标。从可行性而言，教师要确立可行的学习目标。两个学科在分别教学时，教师都有自己的课程目标、教学目标和学习目标，而跨学科整合是让学生在学科之间联系和渗透的基础上深度联盟，其目的是让学生掌握和理解学科之间在学科本质意义上的互通性。因此，教师所设置的学习目标不仅是在分科的水平和层面上，还要能使设置的学习目标具有可验证性，即能在课程完成后检验学生的学习效果。这就要求教师所预设的学习目标要具体且有可操作性，课程完成后可以用具体的评价标准衡量学习目标的达成效果。

---

① 张玉平. 跨学科知识整合视角下的初中生物与化学教学［J］. 江苏第二师范学院学报，2015（9）: 92-96.

（二）“学科综合”整合范式

“学科综合”整合范式是学科并列式整合在实践中的体现，指的是跨学科资源整合时，整合的多学科内容没有主次之分，通常是运用多个学科的知识共同解决某个问题的整合范式。在该种范式下，学科之间没有清晰的界限，知识的学习也超越教材资源的局限，教师的教学行为和学生的学习行为发生的时间和空间有可能不同步，且可能会打破传统课堂教师同时面向全体学生进行教学的方式，学生小组合作、教师单独指导成为“学科综合”整合范式下的教学常态。中小学教学实践中，项目式学习和 STEAM 学习是“学科综合”整合范式的常见形态。

1. 项目式学习

项目是克伯屈（W. H. Kilpatrick）于 20 世纪初提出的概念。克伯屈主张运用项目推动学生进行有目的的活动，激发学生的学习兴趣。这种学生参与体现了建构主义的学习方法，即学习者通过自主学习，参与到真正的任务当中，并创造意义与价值。对大量研究的总结发现，项目式学习既是一种学习方式，又是一种教学模式，还是课程设计的一种方式和更综合化的教育实践形态。[①] 项目式学习通常是围绕某个具体的学习项目，充分选择和利用最优化的学习资源，在实践体验、内化吸收、探索创新中获得较为完整和具体的知识，形成专门的技能和得到充分发展的过程[②]，具有五个典型特征。一是以学生为主体。项目式学习实施过程中，学生作为主体对知识进行建构以及批判性思考，学生需要在知识建构过程中主动去查阅资料、收集有用的信息，为保证最终目标的达成，学生之间还需要相互合作。二是以问题为基础。项目式学习中问题是学习的主线，问题的设计水平决定着应用项目式学习开展的教学活动的质量。项目式学习中的问题必须与所学领域有关，且基于真实、复杂、有意义的生活情境。三是以多学科知识整合为内容。项目式学习超越某一具体学科，学生需要综合应用多个学科的知识来解决问题，多学科知识是其教学的主要内容。四是以教师为导向。教师是学生认知方面的引导者，需要为学生创造一个整体的、联系的情境，让学生去感受、体验实际生活中事情的复杂性，让理论与实践相结合。因此，教师要不断提高自身知识水平，熟练掌握课程内容，具有扎实的知识基础。五是以培养学生能力为目标。学生在该模式下处理复杂的实际问题，可以促进学生批判性、创造性思考。学生逐步建构更灵活的知识结构和更富有成效的认知与思维方法，能理解何时以及如何应用知识，从而获得课中的基本概念知识，建立灵活的知识基础，学习高层次思维技能包括批判性思维、创造性思维和问题解决技能等，并且

---

① 杨明全. 核心素养时代的项目式学习：内涵重塑与价值重建［J］. 课程·教材·教法，2021（2）：57-63.

② 胡庆芳，程可拉. 美国项目研究模式的学习概论［J］. 外国教育研究，2003（8）：18-21.

习得终身的学习技能等。[①]

实施项目式学习有多种模式，根据巴克教育研究所的项目式学习黄金标准，有学者构建了项目式学习“双向共进”模式，如图 3-1 所示。该模式将项目式学习实施分为四个阶段，即入项、建构概念、形成产品、结项。这四个阶段依次递进，引导学生和教师围绕项目持续探究，双向共进，合作完成项目任务。[②]

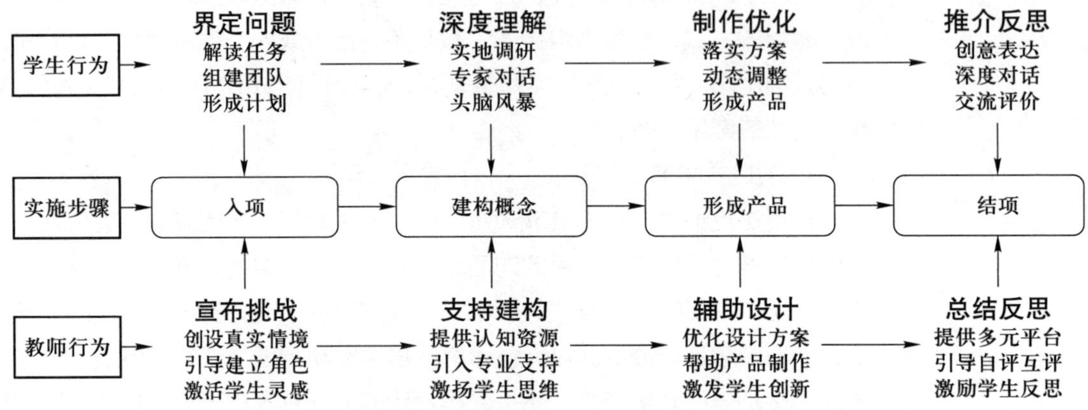

图 3-1　项目式学习“双向互进”模式

入项，即进入项目。教师行为主要是面向学生宣布挑战任务，主要包括三个要点：创设真实情境，引导建立角色，激活学生灵感。对应的学生行为主要是界定问题，即对教师宣布的挑战任务进行解读，理解问题并自由组建完成任务的团队，小组一起讨论形成初步的任务计划。

建构概念，这里的概念指的是“大概念”，是该项目需要学生掌握的核心内容；这是整个项目式学习的核心步骤。学生在该阶段要做的是深度理解大概念，实现“建构”过程，包括实地调研采访、与专家对话沟通、与组员头脑风暴等。教师的主要行为是支持学生的建构过程，包括为学生提供认知资源（如资源包、认知工具等）、引入专业支持（如专业教师指导、专家讲座与对话等），其主要目的是激扬学生的思维。

形成产品，产品是项目式学习的一大特征。学生行为主要是制作优化，包括小组设计产品方案，并根据专业意见优化方案，最后形成产品。教师行为主要是辅助学生，包括提供建议优化学生的产品设计方案，帮助学生进行产品制作，其主要目的是激发学生的创新思维与提升学生的创新能力。在该阶段，最重要的是培养学生的创新思维与实践，而非动手

① 郑航. 建构主义学习观对高师公修心理学教学改革的启示［J］. 青岛大学师范学院学报，2004（4）：102–105.

② 杨莉，姜雪燕，王慧. 以项目学习为载体的小学课程群设计与实施［J］. 教育科学论坛，2021（17）：17–20.

能力，因此，学生实施方案的动态过程是最核心的，具体的产品制作可以更加多元化。

结项，即结束项目。学生行为最主要是推介反思，包括创意设计表达方式，向他人介绍小组产品，并与专家、教师、同学及家长等现场互动，在评价、答疑、对话的过程中实现学生对整个项目式学习过程的评价、总结、反思。教师行为则是更加关注总结反思，包括为学生提供多元的展示平台，如现场发布会、产品交流会等，并在产品展示现场组织学生开展自我评价、对他人的评价、对产品的评价等，主要目的是激励学生自我反思，提升学生的反思与批判能力。

2. STEAM 教育

STEAM 教育发展初期为 STEM 教育，起源于美国，可追溯到 20 世纪 60 年代。最初只是单纯地要求重视和加强对科学、技术、工程和数学四门理工类学科的教育。在逐步发展过程中，STEM 从最初代表科学、技术、工程和数学四个独立的学科领域逐渐发展为学科交叉和知识融合，对象也由最初的高等教育领域逐渐扩展到中小学教育阶段。① 这是 STEM 教育深化推进的必然趋势。近年来衍生出不同的 STEM 变式，进一步整合 STEM 教育之外的其他学科，典型代表就是将艺术学科进一步融合的 STEAM 教育。②

STEAM 教育可基于相应的教学流程或模式开展实施，有学者专门制订了教学过程卡，如图 3-2 所示。③ STEAM 的教学实施分为以下三个阶段：

要素与材料：有什么 （科学） 设备：用什么 （技术）	过程：做什么 （技术与工程） 输出：结果是什么 （技术与工程）
发现：学什么 观点：关于它我该怎么思考？ （艺术） 兴趣：最有趣的点	姓名 日期 主题 （活动改进建议）

图3-2　STEAM 教育教学过程卡

① 首新，胡卫平. 为了一个更好的澳大利亚：澳大利亚中小学 STEM 教育项目评述［J］. 外国教育研究，2017（10）：100-114.

② 祝智庭，雷云鹤. STEM 教育的国策分析与实践模式［J］. 电化教育研究，2018（1）：75-85.

③ 赵慧臣，陆晓婷. 开展 STEAM 教育，提高学生创新能力：访美国 STEAM 教育知名学者格雷特·亚克门教授［J］. 开放教育研究，2016（5）：4-10. 有修改。

第一步准备阶段：学生选择所需的工具与资源。这里的工具与资源主要包括要素、材料和设备等。学生首先根据 STEAM 活动主题查找资料，选择自己所需要的设备等。学生要综合运用所学知识，在分析、比较的基础上进行合理选择。该阶段由学生独立完成，以培养独立思考、逻辑判断、资源选择等能力。

第二步实施阶段：学生自主完成活动任务。实施阶段涵盖 STEAM 教育中的技术（T）与工程（E）。在此阶段，学生应该思考运用知识和设备材料做些什么以及应达到的效果是什么。在该阶段，学生通过不断探索、实验及动手实践，综合运用科学、技术、工程、艺术和数学等学科知识来解决当前生活和社会所面临的问题，完成 STEAM 教育的主题活动。实施阶段主要用于提升学生的主观能动性，以培养他们的知识应用能力和探索创新能力等。

第三步改进阶段：学生在探索中培养创新能力。除了填写个人姓名、日期、主题等信息外，改进阶段还要求学生填写活动改进建议，即怎样设计才能促进活动的可持续性、有效性以及更好地吸引合作者的积极参与。教师可以在网络平台上提供视频资源，引导学生查找资料，帮助学生答疑解惑。该阶段用于培养学生的批判性思维能力和创新能力。

活动二　案例与评析

活动提示：阅读以下案例，思考项目式学习与 STEM 学习的教学设计的异同，研讨跨学科资源整合的设计思路并体会其价值功能。

案例 1　项目式学习教学案例——科学洁面[①]

一、案例简介

“科学洁面”的设计来源于人教版高中化学选择性必修 3《有机化学基础》，学生学习中会对皂化反应的产物高级脂肪酸钠盐为什么具备清洁功能产生困惑，日常生活中学生也会提出“为什么我的皮肤总爱出油”的问题。结合这两个学生感兴趣的点，“科学洁面”项目式学习可以系统地让学生了解洁面产品的前世今生，并学习和了解现代洁面产品中的主要化学成分、盐类水解、人体皮肤结构、皂化反应等相关学科知识，实现多学科的协同教学，达到学以致用、解决实际问题的目的。

---

① 陈潇潇. 校本课程项目教学案例：科学洁面［J］，中学化学教学参考，2021（21）：20–24.

二、案例呈现

（一）项目式学习目标

（1）了解人类的洁面史，学习检测天然洁面物质主要成分的简单方法（宏观辨识与微观探析）。

（2）认识现代洁面产品中的主要成分和功能（科学探究与创新意识）。

（3）了解人体皮肤结构与类型（必备生物知识）。

（4）通过参观调研中山本地日化企业，了解真实的日化产品生产流程，从企业的视角来看待“性价比”问题（科学态度与社会责任）。

（二）项目设计思路

围绕科学洁面这一主题，项目共设计 3 个大任务，每个任务用 2 课时进行，共需 6 课时，设计思路和操作过程如下：

1. 任务 1：了解人类的洁面史

借助科学史情境，让学生从科学家的视角来了解清洁产品的发展脉络。学生的认知将经历以下过程：古人无意间发现某些天然物质具有清洁功能→科学家发现这些天然物质都具有碱性→提取天然物质中的有效成分→依托化工手段合成具有碱性的清洁产品。具体活动流程如表 3−2所示。

表 3−2 “了解人类的洁面史”活动流程

<table>
<tr><th>活动名称</th><th>项目任务</th><th>活动具体形式与内容</th><th>教师支持内容</th></tr>
<tr><td>活动 1：探究古人洗脸史</td><td>认识生活中具有清洁功能的天然物质；了解古代人类对天然物质改造加工的过程；寻找天然洁面产品的共同属性</td><td>［汇报展示］展示古人用来清洁的天然物质
［实验探究］检测天然清洁物质的 pH 值</td><td>建议学生用表格的形式对所收集到的信息进行分类。
寻找古人用来清洁的天然物质<table><tr><th>时间</th><th>国家</th><th>清洁产品</th><th>发现过程</th><th>使用范围</th><th>其他</th></tr><tr><td></td><td></td><td></td><td></td><td></td><td></td></tr><tr><td></td><td></td><td></td><td></td><td></td><td></td></tr></table>通过查阅资料的方式寻找古人用来清洁的天然物质，小组为单位以图文的形式进行汇报</td></tr>
<tr><td>活动 2：从草木灰中粗提碳酸钾</td><td>掌握从草木灰中分离钾盐的简单方法；认识盐类水解的原理</td><td>［实验探究］从草木灰中粗提碳酸钾</td><td>指导学生完成实验，并总结从天然物质中提取有效成分的一般程序和方法，同时讲解盐类水解的原理</td></tr>
<tr><td>活动 3：分析现代洁面产品标签</td><td>了解现代洁面产品的主要成分及其功能，对功能相似的洁面产品依据成分进行分类汇总</td><td>［汇报展示］洁面产品标签大揭秘</td><td>提供相关文献资料，并对出现频率较高的表面活性剂、乳化剂、美白剂进行解读</td></tr>
</table>

2. 任务 2：寻找合适的洁面产品

该任务属于认知类任务，具有很强的实用性，与生物学科相关。从认识皮肤结构到给皮肤分类，都是为"选择与评价自己的洁面产品"奠定基础，从认识到应用，让学生学以致用，获得成就感。具体活动流程如表 3-3所示。

表 3-3 "寻找合适的洁面产品"活动流程

活动名称	项目任务	活动具体形式与内容	教师支持内容
活动 1：认识皮肤	认识人体的皮肤结构和表皮结构；了解皮肤油腻或干燥的本质原因	[实验探究]用显微镜观察人体表皮永久切片，手绘出人体表皮结构图	指导学生使用显微镜，对学生的手绘图进行点评
活动 2：给皮肤分类	认识组成皮脂的核心物质——脂肪酸；了解根据皮脂分泌量的多少对皮肤进行分类的方法	[问卷测评]你的皮肤是什么类型	讲解脂肪酸的相关知识点；指导学生完成皮肤测试
活动 3：选择与评价洁面产品	现代洁面产品的类型分布；根据皮肤状态评价与分析自己所选择的洁面产品是否合理	[评价分析]评价自己所选择的洁面产品是否适合自己的皮肤，同时根据产品标签，对比评价与分析两款洁面产品	讲解现代洁面产品的类型分布

3. 任务 3：制备洁面产品

该任务属于更高阶的任务，是在任务 1 和任务 2 的基础上，让学生以科学家的身份去探究皂化反应和设计、评价洁面产品配方，以企业管理者的身份去了解日化产品的生产线，对消费者所追求的性价比问题换一个视角去解读。学生在项目执行过程中身份与视角的多元化，不仅是对项目意义的深度挖掘，更有利于学生自身今后的职业选择。具体活动流程如表 3-4 所示。

表 3-4 "制备洁面产品"活动流程

活动名称	项目任务	活动具体形式与内容	教师支持内容
活动 1：制备冷制皂	认识肥皂的不同制造方法；制备冷制皂	[实验探究]制作冷制皂	讲解肥皂类别，指导学生完成实验
活动 2：设计功能性更强的洁面产品	了解氨基酸类表面活性剂的不同对洁面产品形态的影响；制备氨基酸类洁面乳；自主设计配方制备功能性更强的洁面产品	[实验探究]制作氨基酸类洁面乳	指导学生完成实验；评价学生自行设计的洁面产品配方
活动 3：参观曼秀雷敦（中国）药业有限公司	了解洁面产品真实的化工生产过程；了解产品价格的影响因素	[参观与交流]参观曼秀雷敦（中国）药业有限公司，并撰写心得体会	提前联系好企业，带领学生参观学习，同时给出以下关键问题让学生在参观过程中寻找答案：①洗面奶的生产流程是怎样的？每一步的作用是什么？②当前对洁面产品研究的热点有哪些？③从企业的角度来看，要做到盈利和口碑并存，应该在哪些方面做出努力？

三、案例研讨

认真阅读案例，分组研讨下列问题：

（1）本案例围绕什么问题进行研究？涉及哪几个学科资源的整合？不同学科资源之间是怎样有效关联的？

（2）本案例设计了哪些活动？不同活动的目的是什么？对学生的认知发展起到什么作用？

（3）结合本案例想一想，项目式学习的主题、内容和活动应该如何设计？

四、案例评析

科学洁面是基于学生发展取向的跨学科整合案例。该案例涉及化学、生物学、历史学、经济学、管理学等学科知识，是以发展学生兴趣、解决实践问题为目的的项目式学习跨学科资源整合。在跨学科资源整合中，该案例很好地将学科、生活、活动关联起来，体现了学以致用的思想，在以下两个方面具有启示意义。

一方面是如何选取合适的项目内容。选取项目内容是学生发展取向跨学科资源整合的首要环节。学生发展取向的跨学科资源整合，其项目内容的选取要始终以学生为中心，为此需要关照三个维度。一是内容适合发展学生兴趣。基于学生发展取向的跨学科资源整合侧重学生的个性发展，这要求项目内容来源必须具有广泛性，可以是学科情境中高度相关的问题，也可以是社会发展中的问题，还可以是学生学习中存在的疑惑等，以满足学生的不同发展需要。本案例之所以选取科学洁面这一项目内容进行探究，是因为学生对探究“皂化反应的产物高级脂肪酸钠盐为什么具备清洁功能？”“为什么我的皮肤总爱出油”等问题的答案具有浓厚的兴趣。二是内容适合学生活动探究。从学习方式上看，项目式学习是活动式的，学生将知识与意义生发的情境和问题联系起来，通过发现问题、制订方案、调动资源、合作协调、反思改进等实践探究活动，发展兴趣爱好，提升综合素养，这要求项目内容必须适合学生活动。本案例涉及三个活动：“了解人类的洁面史”属于知识学习活动，“寻找合适的洁面产品”属于实验探究性活动，“制备洁面产品”属于实践性活动，适合学生的学习探究。三是内容适合学生课程创生。不同的课程具有不同的目的与意义，以项目为依托的学生发展取向跨学科资源整合课程的主要价值在于将静态的文本符号转化为动态的情境语言，让学生像科学家、作家、工程师一样经历作品产生的过程，丰富具身感知。这要求项目内容是从纷繁复杂的情境网络中识别、辨析、探讨方案、尝试解决的结构不良问题，以便于学生在研究过程中自主建构和自我创生。本案例设计的活动具有一定的开放性，比如“设计功能性更强的洁面产品”，学生可以根据已有知识，进行个性化发挥，并经历设计、探索、实验和比较的过程，适合学生创生。总体而言，科学洁面项目式学习内容具有一定的包容性，适合学生的个性发展与研究性学习。

另一方面是如何有效统整项目资源。统整项目资源是学生发展取向跨学科资源整合的核心内容。以项目为依托的跨学科资源整合涉及学习资源（如学科知识、网络信息等）、场地资源（如实验室、工厂、设施设备等）以及人力资源（如指导教师、行业专家、学习同伴等）等多种资源，将各种资源进行有效整合，使其为项目解决和学生发展服务，是项目式学习开展的前提条件，也是确保学生有所收获的必要保证，更是跨学科整合的核心内容。统整项目资源需要解决两方面的问题。一是谁作为统整项目资源的主体。学生发展取向的跨学科资源整合实施是教师指导下的学生自主探究，学生在资源统整中居于主体地位，教师发挥的是参与者和参谋员的作用，应当以学生为项目开展的关键和价值旨归，统整项目实施的各种资源，进行整体设计。本案例中，项目式学习的三大活动均是以学生为主体组织开展的，其中“了解人类的洁面史”是学生的自主学习，“寻找合适的洁面产品”是学生的实验学习，“制备洁面产品”是学生的自主探究和集体性实践，教师发挥的是组织、管理、引导的作用。二是如何统整项目资源。学生发展取向的跨学科资源整合不是散状的资源整合，而是聚焦项目，以项目为主线设计方案、组织活动和展示成果，以此调动活动中所需的学习资源、场地资源、人力资源等，完成项目的实施和资源的整合，实现跨学科资源整合促进学生高阶能力发展的价值初衷。本案例中涉及学习资源、制作洁面产品的原材料、实验探究的仪器设备、参观的校外工厂等资源，哪些资源可供项目式学习使用，关键是以项目任务而定，在任务的基础上去积极拓展整合各种资源。可见，统整项目资源需要以学生为主体，由学生围绕项目需要来进行统整。

案例 2　STEM 教学案例——矿石小车的设计制作[①]

一、案例简介

本案例节选自柳州市钢一中学李丹、黄云芳老师发表的教学论文。钢铁是柳州的主要产业，矿石小车是运送钢铁资源的常见交通工具，它的设计制作融合了科学、技术、工程、数学等学科知识。科学方面涉及物理学中升降自卸功能的力学知识、马达驱动转轴的电能转化为动能知识；技术方面涉及

① 李丹，黄云芳. 基于 STEM 教育理念的高中项目式教学实践：以《矿石小车的设计制作》为例 [J]. 中小学电教，2021（Z2）：19-21.

运用 CAD 软件对项目用到的配件制图，用激光切割机切割配件；工程方面涉及运用物理工程思维和美学思维，针对矿石小车升降自卸功能、电能驱动小车、外观设计等问题，设计合理的实验方案；数学方面涉及根据转动轴长度及升降承重要求设计计算车斗、车身及各配件的尺寸大小。选取《矿石小车的设计制作》为主题，适合 STEM 学习的教学实践。

二、案例呈现

（一）教学目标

1. 知识与技能

（1）了解矿石小车的组成部分及结构；

（2）了解小车各个部件的作用和功能；

（3）理解矿石小车自卸装置的原理；

（4）学会对自卸装置部分进行分解，了解各组成部件的结构，学会 CAD 软件制图和使用激光打印材料的方法。

2. 过程与方法

（1）通过翻转课堂、自主学习与讨论相结合，探究讨论矿石小车各组成部分及结构；

（2）通过案例引导，探究矿石小车自卸装置实现升降的原理及各部件的结构与功能；

（3）分工协作与合作交流相结合，手绘矿石小车各部件的设计草图并初步确定各部件的尺寸，完成制图、激光打印配件并完成矿石小车的组装、测试和优化。

3. 情感态度与价值观

（1）培养学生的自主学习能力和自主探究能力；

（2）体验探索过程，初步形成和保持对技术的敏感性和探究性，感受问题解决过程的艰辛和曲折，培养学生提出问题和解决问题的能力，提升科学探究能力和实践能力。

（二）教学过程

1. 课前阶段

课堂翻转，把预备知识的内容放在课前，让学生自主学习相对比较简单的内容，并预设问题让学生思考。

教师发放课前学习资料，要求学生自主学习相关内容：（1）自卸工作原理文字材料（自卸车是指通过液压或机械举升而自行卸载货物的车辆）；（2）视频材料；（3）图片材料。

学生自主学习课程内容，将存在的疑问进行记录。

2. 课上阶段

课前通过视频、图片的直观形式展示给学生，对预设问题进行思考，课上教师组织讨论并引导答疑，通过充分的讨论实现翻转课堂，有助于加深学生对升降自卸原理的理解。

（1）主题导入

教师提出问题：发现矿石小车都有什么结构和功能吗？想想你们身边看到的、了解到的矿石小车是怎么卸矿的？如果你们设计矿石小车，想要矿石小车有什么功能呢？结构是什么呢？外形是什么样的？自卸原理是怎么样的？

学生针对问题做出具体的设想与讨论，在此过程中，利用信息技术查询相关资料，以此支撑与完善自身的构想。认真观察教师做好的矿石小车，发现自卸装置的结构、小车用到哪些材料、有何功能、如何实现。

（2）探究活动 1：矿石小车的设计

教师引导学生按组进行讨论：要设计出矿石小车，需要什么配件？如何绘制？

学生讨论交流，形成自己的思路，着手绘制小车草图并确定小车配件的尺寸。

（3）探究活动 2：矿石小车的制作加工

教师翻转解决矿石小车设计过程中遇到的问题；指导学生运用 CAD 软件制图；介绍打印技术和板材的选择，指导学生用切割机打印配件；翻转矿石小车视频，引导学生尝试用实物零件组装小车。

学生：①聆听、讨论。②根据手绘设计草图，利用 CAD 软件精准绘制矿石小车零件设计图。③学生将绘制完成的设计图导入打印软件中，设置打印参数，制作零件实物。④分组协作组装小车。

教师帮助学生分析遇到的问题，通过合理的引导帮助学生建立实现技术、解决问题的信心。教学辅助资源为 CAD 软件基本操作学习视频。

（4）探究活动 3：矿石小车的测试优化

教师培养学生动手操作和解决问题的能力，引导学生解决在组装过程中遇到的问题并进行提问：①小车配件尺寸合适吗？②材料厚度合适吗？③配件的位置需要调整吗？

学生：①调整小车各配件到合适大小，重新绘图、打印后再组装。②组装完成后给小车安装电路板，再测试小车升降自卸功能和轮子驱动能否达到预期。③组内交流优化设计的想法。

（5）作品交流

教师引导学生讨论：①这个项目还有哪些可以改进和需要注意的地方？②小车能否实现智能化？

学生：①谈谈完成整个项目后的体会和感想。②交流作品。

师生相互交流，启发更多的创新灵感，使大家的作品更加完善。

三、案例研讨

认真阅读案例，小组合作研讨下列问题：

（1）本案例整合了哪些学科知识？这些学科知识是如何有机联系在一起的？

（2）本案例的准备阶段、实施阶段和改进阶段分别设计了哪些教学活动？这些活动设计有什么优点和不足？可以做哪些改进？

（3）结合本案例思考，STEM（STEAM）学习设计的主题应该如何选取？内容应该如何选择？

四、案例评析

《矿石小车的设计制作》是基于生活经验取向的跨学科资源整合案例。该案例涉及科学、技术、工程、数学等学科领域知识，知识之间没有主次之分，共同服务于矿石小车的设计制作这一核心任务，是一种典型的 STEM 教学实践。在跨学科资源整合方面，该案例具有以下特点：

一是以问题解决任务为跨学科资源整合的主线。问题是生活经验取向跨学科资源整合的出发点。基于现实的生活情境解决真实的问题，需要科学的问题解决方案来引领问题解决的过程。而现实问题的复杂多面性决定了问题解决方案需要考虑多层逻辑，设计关键要点。第一，基于问题解决的逻辑，设计问题链。问题解决是综合运用多学科知识和综合能力，总体设计、分步实施、逐步解决的过程，需要找到大问题并解析为一个个相互关联的小问题。比如，《矿石小车的设计制作》的跨学科资源整合方案设计中，解决“如何设计制作矿石小车”的大问题，必然需要考虑“小车的外观结构是怎样的？小车具有什么功能？小车的工作原理是什么？”等一系列小问题，从而形成问题链，以问题链推动大问题的解决。第二，基于学科知识逻辑，构建知识线。问题解决需要用到多学科知识，而学科知识严格的边界割裂了问题解决的整体性。由此，需要基于问题链，追溯其背后的知识原理，厘清解决问题的知识脉络，形成相互关联的知识线。如《矿石小车的设计制作》方案中，其问题链的解决需要厘清物理学中升降自卸功能的力学知识、技术方面涉及的运用 CAD 软件制图的知识、工程方面涉及的运用物理工程思维和美学思维对矿石小车外观进行设计的知识以及数学方面涉及的计算车斗、车身及各配件的尺寸大小等知识，以深刻理解问题的实质，指引问题的有效解决。第三，基于方案实施逻辑，形成任务单。任何一个方案的有效实施都离不开清晰的任务。在明确问题背后的知识原理后，推进问题解决，还需要将其转化成具体明确的任务单。如《矿石小车的设计制作》方案中，从实施逻辑而言，需要考虑设计制作矿石小车的三大任务即小车的设计、小车的制作与小车的优化，以此可以帮助学生认清问题解决的路线与目标，建立问题解决外显操作与内部知识与思维表征关联的行动框架。

二是以学生学习活动作为跨学科资源整合的关键。活动是生活经验取向跨学科资源整合的关键环节。有效落实与执行问题解决方案，需要将方案设计与教学活动进行关联，重点落实两个方面的转化。一方面是落实任务向教学目标的转化。生活经验取向的跨学科资源整合实施中是以教师指导、学生探究为主要方式，课堂、工厂、实践基地等多空间交织为实施场域组织进行的，本质上仍是一种教学实践，需要将任务单转化为教学目标，以指向学生发展所涉及的领域与目标达成度。如《矿石小车的设计制作》方案中，“小车的设计”任务可以转为了解矿石小车的组成部分及结构和功能以及绘制矿石小车设计图纸两个目标。另一方面是落实教学目标向学习活动的转化。教学目标是通过学习活动来落实的。生活经验取向的跨学科资源整合活动是问题中心、实践导向的，关注学生在活动探究中的知识综合运用与创造以及问题解决中资料收集、信息加工、动手操作等活动，因此，需要将教学目标转化为可操作、可衡量的学习活动。如《矿石小车的设计制作》方案中，可以通过设计“自我阅读”和“CAD 制图”等适合学生学习的活动达成理解矿石小车结构功能和图纸绘制的目标。通过以上两次转化，实现问题解决与跨学科资源整合的统一、教师的教与学生的学的统一，保障活动探究的过程质量。

三是以凝练生活经验为跨学科整合的旨归。经验是生活经验取向跨学科资源整合的旨归。生活经验取向的跨学科资源整合是综合利用跨学科知识和思维解决复杂的现实问题，积累问题解决经验，进而实现经验的迁移，发展学生核心素养。获取经验需要学生亲历活动，经历完整的问题解决过程，以丰富体验；也需要活动后复盘反思，有指向地凝练生活经验，这可以从三个层面进行：其一是问题解决设计层面，主要反思问题解决设计是否合理？活动依据的学科知识、思维是否全面？活动结果是否达标？可以从哪些方面改进？其二是问题解决实施层面，主要复盘反思活动开展是否高效合理？相关资源是否充分调动？专业力量是否有效发挥？其三是问题解决情感层面。主要反思活动中学生参与是否积极？体验是否充分？灵感是否被激发？以此不断积累经验素材，内化思维规范，拓展行动范围，在更广阔的教学场域中享受学习行动带来的乐趣，形成对事物、他人和世界全面友好的情感和道德立场。

活动三 实作与反思

活动提示：按要求完成下面实作并思考“学科+”整合范式的实施要点。

黄金分割是初中数学中的重要内容，指的是事物各部分间存在的一定数学比例关系，即将一条线段一分为二，较长一段与较短一段之比等于整个线段与较长一段之比，比值约为1∶0.618。黄金分割比被认为是最具美感的比例，广泛应用于建筑、美术、音乐、文学等领域，成为创造美的一条黄金法则。

认真阅读上面的材料，完成下列问题：

（1）搜索关于黄金分割的相关学科资源，以小组为单位讨论相关学科资源之间的关联。

（2）以某一个学科为主，按照“学科+”的思路设计一个黄金分割跨学科整合课例。

（3）展示交流黄金分割跨学科整合课例的设计思路并进行评析。

推荐资源

[1] 吴刚平. 跨学科主题学习的意义与设计思路[J]. 课程·教材·教法，2022（9）：53–55.

[2] 刘晓荷，张铭凯. 基于大概念的课程融合：内涵、误区与进路[J]. 教育科学研究，2022（2）：72–77.

[3] 李学书. STEAM跨学科课程：整合理念、模式构建及问题反思[J]. 全球教育展望，2019（10）：59–72.

任务三
技术资源整合

随着计算机科学、互联网技术和人工智能的发展，教育信息技术已广泛应用于课堂教学，技术赋能课堂教学成为现代课堂发展的趋势。目前，技术赋能教学主要通过课件、微课、技术平台和智能机器人等载体来实现。教学方式上，随着技术的更新，涌现出了混合式教学、“双师课堂”和大数据驱动的精准教学等技术教学范式。技术正逐渐成为推动课堂教学变革的关键力量，形塑着未来教学的形态。

活动一　阅读与思考

活动提示：阅读下列内容，理解技术资源整合的含义，了解技术资源与学科教学深度整合的常见载体，掌握技术资源整合的实施形式并明晰每一种教学模式的特征。

一、技术资源整合的含义

（一）技术资源

技术是随着计算机科学、互联网技术和人工智能技术发展而形成的、用于管理和处理信息所采用的各种技术的总称。技术应用到教育教学领域，可以简单地理解为对信息的获取、加工和处理。目前，技术主要包括计算机技术、多媒体技术、网络技术、通信技术和人工智能技术等，教育教学中应用较多的是多媒体技术、网络技术和人工智能技术。

技术资源是指能在实践中达成技术价值的物理资本、人力资本和组织资本。教育教学中的技术资源又称教育信息技术资源，主要包括能够储存并利用文字、图形、图像、声音、动画和视频等信息形式的物理信息技术资源。

（二）技术资源整合

技术资源整合应用于教育教学中，主要指的是教育信息技术资源与学科教学的整合。从发展历程来看，技术资源整合主要经历了三个阶段，分别是教育信息技术辅助教学阶段、教育信息技术辅助学习阶段和教育信息技术与学科教学深度整合阶段。其中，教育信息技术辅助教学主要是利用计算机的快速运算、图形动画和仿真等功能辅助教学，教育信息技术辅助学习主要是学生利用互联网技术进行资料查阅、自学解惑或是自主安排学习计划，教育信息技术与学科教学整合则更强调利用信息技术创设现代教育环境，改变教学的时空形态，引导课堂教学方式方法变革。

技术资源整合可以界定为学科教学中，在主导—主体理念指导下，利用教育信息技术资源整合优化学科教学各环节，创新教学模式以实现培养学生创新精神和实践能力的目标。此定义凸显了教育信息技术与学科教学整合的三个特点：一是作为一种工具，强调信息技术辅助教学的功能；二是作为一种模式，强调信息技术融合课堂教学，形成一种新的教学范式；三是作为一种结果，注重教育信息技术培养学生创新精神和实践能力的作用，整体反映出教育信息技术资源整合的时代意蕴和现实价值。

二、技术资源整合的载体

学科教学中，技术资源整合需要通过一定的载体来实现。目前，技术资源与学科教学整合主要通过课件、微课、平台和智能机器人等载体来实现。

（一）课件

课件是课堂教学中使用最广泛的教育技术，也是技术资源与学科教学整合最常见的载体。课件一般是指教师以传授知识为目的，结合具体的教学需要利用计算机多媒体工具开发或制作的教学辅助软件，主要包含文本、图像、声音、表格、公式、动画、视频等多种媒体形式。课件可以形象生动地呈现各种教学内容，营造课堂教学氛围，激发学生的学习兴趣，突出教学重点，突破教学难点，拓宽学生的知识视野。课件的基本类型有练习型、指导型、咨询型、模拟型、游戏型、问题求解型、发现学习型等，无论哪种类型的课件，都是教学内容与教学处理策略两大类信息的有机结合。

（二）微课

微课的主要载体是微型教学视频，是由教师聚焦某个学科的知识点、技能点或针对某个教学环节而开发设计的一种新型视频课程。微课包括紧扣主题的教学设计、教学素材、练习测试及学生反馈等教学资源，具有教学时间较短、教学内容少但主题突出、资源容量较小但方便移动学习、资源构成“情景化”和反馈及时等特点。[①] 微课的时长通常在 5～8 分钟，较短的可以在 1～2 分钟，一般不超过 10 分钟。一个微课聚焦某一个重难点，教师一般只讲授 1 个或 2 个知识点，内容精练而准确。微课的形式多样，常见的有讲授类、启发类、演示类、实验类等。

（三）平台

平台是教育信息技术实施的有效载体。慕课是信息技术资源整合影响较大的平台，是 MOOC（massive open online course）的中文译名，全称为“大规模网络开放课程”。慕课（MOOC）具有如下特征:（1）开放性;（2）参与学习的人数规模大;（3）高品质的微视频;（4）课程组织结构较完整;（5）可提供基于大数据的学习分析;（6）具有学习、学分和学位认证以及就业推荐;（7）实现技术研发与应用创新的融合。

2012 年被《纽约时报》称为“MOOC 元年”。在这一年，美国建立了三大典型的慕课（MOOC）平台：Coursera、Udacity 和 edX，随后，国外许多著名高校纷纷发布慕课（MOOC）课程，国内著名高校也分别加入了不同的慕课（MOOC）联盟。目前国内具有影响力的慕课（MOOC）平台有“中国大学 MOOC”“学堂在线”“好大学在线”等。与以内容共享为中心的国家级精品资源共享课程相比，慕课（MOOC）是以学习为中心的开放课程，更加符合信息时代学生的自主学习需要。目前，慕课（MOOC）在终身学习领域和高等教育领域得到了广泛的推广和应用，并取得了令人欣喜的成绩，但在中小学教育领域的应用仍处于摸索阶段，具有重要的研究价值和广阔的发展前景。

（四）智能机器人

智能机器人是推动技术资源与学科教学深度融合的有力工具。教育中应用的智能机器人又称为教育机器人，按照功能可分为社会机器人和远程呈现机器人。社会机器人常以学习导师的形式出现。社会机器人的外观设计一般具有视觉吸引力，能够通过语言、面部表情和肢体语言与人进行互动，能够胜任教学助理、导师和学习伙伴的角色，具有广泛的应用前景。机器人导师在学生遇到学习困难时，可以进行针对性的教学辅导。作为学习伙伴，学伴机器人在支持学生书写练习和第二语言学习等科目中十分有效，对提升差生的学业表现效果显著。[②]

远程呈现机器人是由人类操作员远程控制的机器人，其最大优势是可以

---

① 汤勃，孔建益，曾良才，等.“互联网 +”混合式教学研究［J］. 高教发展与评估，2018（3）：90−99，117−118.

② LEMAIGNAN S，JACQ A，HOOD D，et al. Learning by teaching a robot：the case of handwriting［J］. IEEE robotics and automation magazine，2016（2）：56−66.

支持师生的远程在线教学。人类教师使用机器人远程授课时可以自主控制机器人的传感器、摄像机、麦克风等，相比于固定摄像头的视频会议，学生可以获得更丰富的课堂感知，这也为教师探索新颖的教学形式提供了机遇。此外，远程呈现机器人可以为特殊学生的学业辅导提供帮助。例如，挪威 No Isolation 公司开发的 AV1 机器人是一种由学生操作的远程监控机器人。当学生因病不能上课时，AV1 机器人可以代替学生上课。AV1 机器人配备了摄像头、扬声器、麦克风和互联网连接，让远程在线的学生可以环顾教室，举手发言，甚至可以改变机器人的眼神来表达他们的情绪。①

三、技术资源整合的教学模式

技术的更新促进了教学模式的变革。从实践来看，技术资源整合的教学具有三种典型模式，分别是促进学生自主学习的混合式教学模式、优质师资共享的“双师课堂”模式和大数据驱动的精准教学模式。

（一）促进学生自主学习的混合式教学模式

混合式教学模式是以信息技术带来的移动通信设备和网络学习环境为基础，以学习者为中心，基于一定的教学目标，兼顾个性化学习和各学习要素的特征，将现代网络在线学习与传统的师生面对面教学有机融合，实现学习目标最优化的教学模式。混合式教学模式中教学资源的广泛利用、学习过程的知识生产、教学策略的多维组合，体现了“以学生为主体，以教师为主导”的教学理念，既发挥教师引导、启发、监控教学过程的主导作用，又充分发挥学生的主体作用，培养学生的主动性、积极性和创造性，实现知识传授、能力培养和价值塑造，是一种多维互动、动态开放和以生为本的新型教学模式。

翻转课堂是一种常见的混合式教学模式的课堂表征。翻转课堂是对传统教学模式的一种翻转，传统教学模式是教师先教，学生在教师教的基础上学习，呈现出“先教后学，以教导学”的教学形态。在翻转课堂模式下，学生课前根据自己的节奏通过观看教学视频等方式提前学习相关知识，然后在课堂上与教师或同学互动学习并运用知识，增加了学生在学习中的互动性，实现了教师引导并帮助学生自己掌控学习的愿景，呈现出“先学后教，以学定教”的教学形态。翻转课堂落实到具体的教学中，还需要与一些具体的教学方法相结合，如启发式教学法、尝试教学法、设问引疑法、悬念激趣法及类比引入法等，这样就呈现出混合式教学模式的特征。学者基于不同的理论和

① 袁磊，张淑鑫，雷敏，等. 技术赋能教育高质量发展：人工智能、区块链和机器人应用前沿［J］. 开放教育研究，2021（4）：4−16.

自身教学实践提出了多种不同的翻转课堂教学模式，这些模式大致可以分为传统型、操作型和综合型。

1. 传统型翻转课堂教学模式

乔纳森·伯尔曼（J. Bergmann）和亚伦·萨姆斯（A. Sams）是翻转课堂的先驱者，他们所开展的翻转课堂教学实践是比较公认的传统型翻转课堂教学模式。传统型翻转课堂教学模式主要由课前视频学习和课中问题解决两部分组成，构建了“先看视频再解决问题”的结构。

2. 操作型翻转课堂教学模式

操作型翻转课堂教学模式从理论基础和操作流程角度对传统型课堂进行完善，进一步细化和补充了课前、课中环节，增加了可操作性。目前，大多数的翻转课堂教学模式都属于操作型翻转课堂教学模式。学者在实践中引入不同的教学理论，如首要教学原理、团体学习理论、自我监控理论、深度学习理论，提出多种形态的操作型翻转课堂教学模式。

具有代表性的是罗伯特·塔尔伯特（R. Talbert）教授的研究成果，他结合多年应用翻转课堂教学模式的实践，总结出操作型翻转课堂教学模式结构，中英文对照说明如图 3-3 所示。[①]

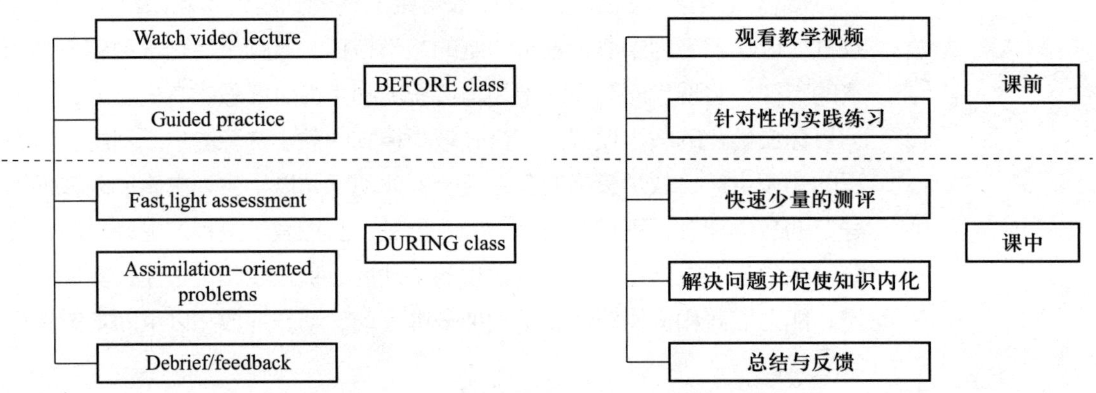

图 3-3　操作型翻转课堂教学模式结构

3. 综合型翻转课堂教学模式

综合型翻转课堂教学模式在结构上遵循“探索—讲授—应用”的逻辑，在具体实施中，学生首先在课堂上以小组为单位完成探究活动，然后在课外观看教学视频，实现知识的系统学习，最后再回到课堂上应用所学的知识解决实际问题。与传统型和操作型相比，综合型翻转课堂教学模式增加了讲授前的探索阶段和讲授后的应用阶段。因此，综合型翻转课堂教学模式是一种比较完整的翻转课堂教学模式。

① 董黎明，焦宝聪. 基于翻转课堂理念的教学应用模型研究［J］. 电化教育研究，2014（7）：108-113，120.

（二）优质师资共享的“双师课堂”模式

“双师课堂”这一概念源自高等教育中“教授 + 助教”的模式。随着技术的发展和实践的应用，电脑视频、AI 人工智能逐渐取代“助教”，使课堂教学呈现出人类教师和技术助理共同实施教育的形态。根据技术介入方式和深度的差异，“双师课堂”可以分为线上线下融合双师课堂和 AI 技术支撑的 AI 双师课堂两种形式。

1. 线上线下融合双师课堂

线上线下融合双师课堂是互联网技术与慕课（MOOC）催生的产物，其主要形式是选用线上名师教学视频进行授课，线下教师作为助教，为学生答疑解惑、维持课堂秩序等，或由线下教师根据线上教师的授课内容进行吸收内化，再传授给学生。[①] 线上线下教师分工合作，各司其职，具体操作分为以下三个步骤：

（1）线上名师录制微课

“双师课堂”首先要组织学校（或区域）内的名师团队进行教研，录制微课程。课程以居家在线学习为背景，力求以学习者为中心，开展项目式学习、探究式学习、合作式学习，促进学生真正实现深度学习。配合课程开发，名师团队还应编制配套的预习学案、课后检测等资源。一节微课的时间原则上不超过 20 分钟。

（2）线下教师提前观课

线下教师研读教材，提前观课，在观课过程中找准师生互动点，预设难点、疑点、重点，制定直播课堂流程，写出主持词，做好课堂答疑、课后辅导的准备。

（3）线下教师引导学习

上课伊始，一般由线下教师进行在线学习温馨提醒，即提醒学生与屏幕保持距离、调整状态、做好学习准备、课堂文明互动等。然后介绍录播教师，引出学习课题，播放录制的课程进行线上教学。线上教学中，线下教师根据提前备课，适时切换暂停键，组织学生讨论交流，指导点拨，如遇到疑难问题也可以连线线上教师现场答疑。课程完成后，线下教师指导学生完成作业，及时批阅及反馈，写出教学反思，反馈给线上教师，为下节课跟进教学服务。

2. AI 双师课堂

AI 双师课堂是一种人工智能教育机器人和教师共同在课堂中承担教学工作的新型课堂教学模式。相比于线上线下的双师教学模式，AI 双师课堂中，

---

① 孔利华，谭思远. 信息生态场域中的 AI 双师课堂：内涵、构建与评价［J］. 远程教育杂志，2021（3）：104−112.

人工智能机器人代替了线上名师授课，教师和学生的互动更为真实，是未来课堂教学的发展趋势。

在AI双师课堂中，AI教师是指在计算、感知及认知方面具有智能化的教育人工智能设备，既能满足教师个性化的教学特点，又能满足学生个性化的学习需求，实现教师和学生的共同进步。AI双师课堂的基本教学流程如图3-4所示：课前，AI教师分析学生的学习情况并推送个性化的学习资源；真人教师完成教学设计并向学生发放学习任务；学生则是根据学习资料完成课前自主学习。课中，AI教师讲授知识性内容并分析学生的学习情况，提供个性化的帮助；真人教师把握课堂的教学实施过程，注重与学生的情感交流和人文关怀，着力培养学生的信息素养、自主学习能力、合作交流能力、高阶思维能力等综合素养；学生运用所学知识解决实际问题。课后，学生通过课后巩固练习进行提升；AI教师批改学生作业后智能分析生成学习报告；真人教师评价学生的学习态度和学习表现等制成学习档案。最后，整合AI教师和真人教师的评价，重新评估并指导新一轮学习。

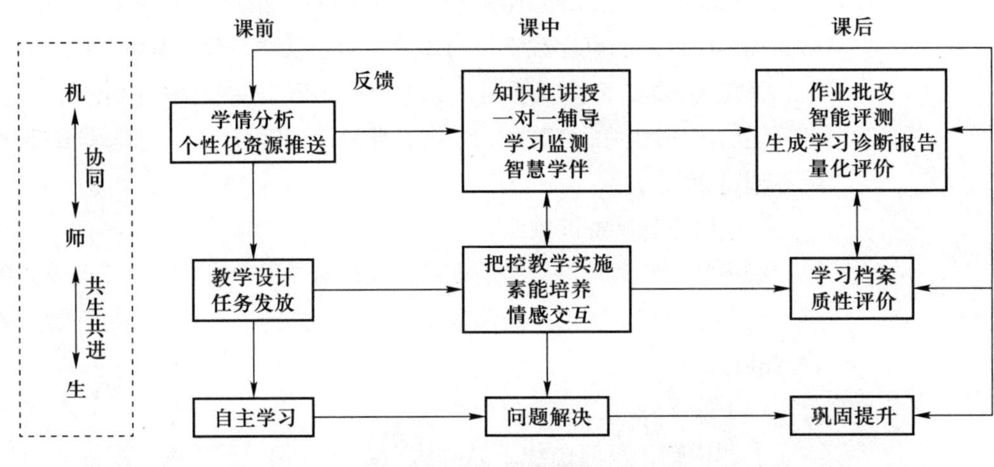

图3-4　AI双师课堂操作模式

（三）大数据驱动的精准教学模式

大数据驱动的精准教学是在利用大数据技术对学生学业现状进行精准分析的基础上，精准定位教学目标、精准、实施教学活动、精准评价学生学习表现的教学模式。大数据驱动的精准教学，核心是精准收集数据，关键是精准数据分析，一般需借助智慧课堂学习平台进行教学实施。

1. 精准定位教学目标

精准定位教学目标是指在综合考虑学生的学习现状和学习偏好的基础上，为不同学生精确设定不同的结果预期。其中，“精”是指精细，即对学生需要掌握的知识或技能程度有一个精细的解释和描述；“准”是指相关性和匹配度，即设置的教学目标与学生的学习现状、学习风格和学习需求密切相关且高度匹配。[①] 在课堂教学目标设计中，要详细精准地描述学生应该掌握的知识或需要达到的技能程度，针对学生在某一具体知识点上存在的问题进行精准教学。即先确定课程的总体目标后再层层分解，细化为很多个因学生而异的子目标，实现分层教学，使每个教学目标达到精确化、量化，教师授课时针对性强，学生接受程度高。

2. 精准实施教学活动

大数据背景下，智慧课堂精准教学活动体现为以教师为主导、学生为主体的师生多元互动。首先，教师依据学习目标的要求和学生的学习特征，搜索或制作相关学习资料（课件、文案、音视频等）并设计测试问题，运用相关智慧课堂平台及时推送给学生，供学生课前预习。其次，学生可以选择自主学习和测试，查阅资料、与同学和教师随时交流以解决预习过程中的难点问题，培养学生自主学习的积极性和发现问题、解决问题的能力。最后，教师通过相关智慧课堂学习平台的数据信息（学生的预习情况、测试结果分析等）了解学生的学情状态，包括学生选择哪种资源、观看资源的时长及次数、测验所用的时间及所得分数、存在哪些疑难问题等，对教学设计方案进行修改优化，从而有针对性地、有侧重地对每名学生制定下一步的个性化教学策略。

在授课过程中，教师根据智慧课堂平台的学情分析结果，以学生的兴趣为出发点，将培养学生的创造性思维作为目标，通过创设情境，采用问题驱动、案例导入等方法将教学内容导入新课。利用小组讨论、教师讲解、随堂测验、实时点评等，实现教师与学生的多元互动，使学生在互动中加深对知识的理解。学生遇到问题时可以在学习平台上查阅相关资料，通过智慧课堂平台向教师反馈知识的接受情况。教师根据平台中的动态数据，对授课内容的重点、难点和学生存在的共同问题进行集中讲解和拓展，并适时地、有针对性地对学生进行个性化干预辅导，从班级、小组到具体的每一名学生层层进行，干预力度逐层增加，直至每名学生都能掌握教学目标所要求的知识和技能。

课后，教师针对学生的个体差异，通过智慧课堂平台推送个性化的复习资源和具有针对性的课后习题，并借助平台随时查看学生的习题完成情况。智慧课堂平台能快速生成数据分析报告，给予学生和教师及时的反馈，学生根据错题所涉及的薄弱知识点，有针对性地逐一突破，有效提高学习效率。教师根据智慧课堂平台的综合分析数据，了解学生的行为特征，分析学生的学习效果，精准、客观、多方位地综合评价教学，帮助学生进行自评、互评和师评，随时对个性问题进行有针对性的辅导，对共性问题以班级或小组为单位进行集中讲解，时效性强，真正做到精准教学实施。

---

① 万力勇，黄志芳，黄焕. 大数据驱动的精准教学：操作框架与实施路径［J］. 现代教育技术，2019（1）：31−37.

3. 精准评价学生学习表现

对传统教学而言，绝大部分评价是通过学生的平时出勤、作业或小测验和期末考试成绩，按照一定的比例得出最后分数来进行的，这种评价方式不能全面、客观地评估学生的学和教师的教。依托智慧课堂平台大数据驱动的精准教学模式是以数据决策为驱动，对学情数据的分析与评价贯穿课前预习、授课过程和课后辅导整个教学过程。利用智慧课堂平台数据分析技术，对学生的学习状态实时跟踪、评价，从而进行个性化指导，形成精准教学学习反馈体系，能及时对教师下一阶段的教学进行反馈与指导。

活动二 案例与评析

活动提示：阅读以下案例，思考微课技术、互联网技术、大数据技术是如何与课堂教学进行深度融合的，技术资源整合对课堂教学具有什么样的效果。

案例 1 微课融入课堂教学案例——我的心儿怦怦跳[①]

一、案例简介

《我的心儿怦怦跳》是小学语文四年级上册第八单元的习作内容。重庆市巴蜀小学冯栎钧设计的《我的心儿怦怦跳》课例在全国第三届小学青年教师语文教学观摩活动中获得一等奖。该课例最突出的亮点是在突破写作教学重难点“如何写清楚感受”时，使用了课堂小助手的微课，实现了微课与课堂教学的深度融合。

二、案例呈现

（一）教学目标

（1）回忆经历过的“心儿怦怦跳”的事儿，通过绘制“心跳图”做到讲清楚事情的经过，讲出当时的感受。

（2）能聚焦“心儿怦怦跳”的时刻，停下来，多写几句，从“想法多了、身体变了……”等多个角度，借助资源包和积累的词语把感受写清楚。

---

① 冯栎钧，张咏梅.《我的心儿怦怦跳》习作教学及评析［J］. 小学语文教学，2019（Z1）：53-56. 有修改。

（3）在讲述与习作的过程中感受自己的情绪，并乐于与他人分享。

（二）教学过程

1. 课前活动：师生介绍，营造氛围，唤醒生活记忆

（1）教师做自我介绍。分享自己“喜怒哀乐”的事儿，用“那一刻我害怕了，因为……”“那一刻我惊呆了，因为……”的方式介绍自己，引导学生关注生活中“心儿怦怦跳”的时刻。

（2）学生也用“那一刻我害怕了，因为……”“那一刻我惊呆了，因为……”的方式分享生活点滴，简单介绍自己。

（3）观看微课视频，认识心情小伙伴，明白每个人都有喜怒哀乐，珍视内心的感受。

2. 环节一：解读课题，走进语境，明确习作任务

（1）回顾课前介绍的真实语境，引导学生明白，原来每个人的喜怒哀乐都不一样，那些让人“心儿怦怦跳”的事情里就藏着特别的自己。

（2）激发学生表达自己的愿望：你愿意让老师继续认识你吗？你最愿意让谁认识你、了解你？让我们一起走进“我的心儿怦怦跳”的那些事儿，分享我们的感受。写下要分享的题目。

3. 环节二：讲清事情，讲出感受，找到心跳一刻

（1）示范。借助“心跳图”请一位同学讲述令自己心儿怦怦跳的一件事。讲清事情经过，讲出感受，并找到心跳最厉害的那一刻，停下来，做标记。

（2）活动：①学生借助“心跳图”学习单，确定“什么事”，填写能体现事情经过的关键词，在事情的过程中画出“桃心”，标出心跳得最厉害的时刻。②学生根据示范完成自己的“心跳图”。③全班交流，教师指导学生找到最值得停下来的那一刻。

4. 环节三：聚焦心跳，建构方法，写清内心感受

（1）第一次习作，诊断学情。①习作提示：停在那一刻，写几句话，想想怎么写能让大家读出你当时的感受。②自评展示：阅读资源包文段，对比评价标准，给自己的习作评定一个星级。③交流评价：反馈学生的自评信息，引导学生交流可以向三星级习作学点什么。④总结情况并引发学生进一步探索的愿望：大部分学生都写出了自己的感受，大家也希望能把感受写得更清楚，思考具体应该怎么做。

（2）借助微课学习从不同角度、用不同表达方式把感受写清楚。

微课说明：以教材中的资源包和学生习作片段为素材，通过修改的方式为学生梳理出写清楚感受的方法：想法多了、身体“变”了，用上积累的好词句。

（3）修改习作，学习与提升

① 学生根据微课视频的学习，修改习作。

任务：修改习作。

妙招：从不同角度写（想法多了、身体“变”了、用上积累的好词句）。

② 学生修改。

③ 交流与分享。

5. 环节四：总结提升，迁移拓展，感悟分享快乐

（1）明白写心儿怦怦跳的习作要在叙事过程中写出感受。

（2）明白可以从不同角度，用好词佳句来写清楚感受。

（3）在分享中悦纳自己和他人。

三、案例研讨

阅读案例，分小组研讨以下问题：

（1）《我的心儿怦怦跳》课例中，教师使用了几次微课视频？每一次微课起到什么作用？

（2）《我的心儿怦怦跳》课例中，信息技术是如何与教学有效融合的？

四、案例评析

技术赋能课堂教学是信息化时代课堂教学的转型方向，微课视频资源与教学整合是课堂教学中最为常见的形式。《我的心儿怦怦跳》课例借助信息技术，制作了课堂小助手微课视频资源，并深度融入课堂教学，在教学内容、学生学情与教学结构上实现了无缝衔接、深入交融。

教学内容方面，本节习作课的重点是解决习作方法指导与课堂教学时间有限的矛盾。传统教学中，教师对学生的习作指导在课堂上进行，但有两个难以克服的局限：一是习作课讲评材料依赖于学生的课堂限时写作，这种随机生成的写作材料对教师讲评带来巨大的挑战；二是学生写作及教师讲评时间较长，40 分钟的课堂上仅能完成一轮个别学生的指导，课堂效率低下。本节课借用课堂小助手，使用微课视频动态呈现了一个学生从初次写作到教师指导到修改完善的过程，从中引出细节描写的关键技法，指导学生在课堂上修改，既提高课堂效率，又紧扣教学内容主题。

学生学情方面，本节习作课的难点是克服学生写作恐惧心理，让学生亲近写作。传统教学中也有微课视频资源，但微课视频资源多是以静态的知识讲解形式呈现，虽然能够起到知识补充的作用，但本质上还是一种师-生单向的知识传授，且形式单一，对于小学生吸引力不大。本案例中的微课视频资源克服了传统微课视频资源的弊端，用学生喜爱的漫画形象作为视频人物，贴近小学生的学习心理，在知识传递方式上，使用漫画人物的动态对话将习作注意事项、写作技巧等引向深入，从而使学生产生代入感，在观看微课视

频中自然习得技能、爱上写作，实现了技术与学生学习心理的深度融合。

教学结构方面，本节习作课使用了两次微课视频。第一次微课视频放在课前环节，意在营造一种轻松氛围，拉进学生与教师之间的距离；同时，唤醒学生的生活记忆，为新授习作课关联生活素材进行铺垫。第二次微课视频为第三个教学环节，即聚焦心跳，建构方法，写清内心感受。此环节为本节课的重点环节，在学生初次写作之后遇到问题时，自然而然地呈现怎么把感受写清楚的方法指导，将教学推向高潮，可谓水到渠成。两次微课视频的作用不同，但均把握了教学节奏，使整个课堂结构完整自然，实现了技术与教学结构的深度融合。

案例 2 翻转课堂教学案例——重庆聚奎中学翻转课堂实践[①]

一、案例简介

在翻转课堂教学实践中，重庆聚奎中学走在前列，是基础教育翻转课堂教学实践的代表。下面以重庆聚奎中学的翻转课堂为例，介绍翻转课堂的操作程序。

二、案例呈现

重庆聚奎中学将翻转课堂教学分为三个阶段。课前阶段，主要由学校组织教师集体备课，并选出代表录制微课视频，上传到校园平台，学生则借助移动终端下载学习资源，观看视频，自主学习教学内容。看完所有视频后，学生通过平台提供的题目来检测学习效果，教师则通过平台掌握学生的学习情况，并调整教学进度，增强课堂教学的针对性。课中阶段，学生先独立做作业，如遇到解决不了的问题，以小组合作的方式尝试解决；倘若还有疑问，再组织全班讨论，全班都解决不了的问题则由教师来解决。教师在解决问题的同时，为有困难的学生提供个别指导。在课堂上，学生还需要完成平台或其他资料上的练习题，巩固所学知识并总结反思。课后阶段，学生借助微课视频巩固所学知识点，或通过平台开展自主学习。

三、案例研讨

阅读案例，小组合作研讨以下问题：

（1）聚奎中学的翻转课堂教学模式相比传统课堂教学模式有什么不同？

---

① 伍文臣，胡小勇. 全球翻转课堂教学研究进展：现状和案例［J］. 数字教育，2016（4）: 59-63.

在促进学生的学习方面有什么作用？

（2）聚奎中学的翻转课堂教学模式应用到了哪些信息技术手段？这些信息技术手段是如何与课堂教学融合，促进学生认知发展的？

（3）聚奎中学的翻转课堂教学模式有什么不足？应该怎样改进教学？

四、案例评析

重庆市聚奎中学的翻转课堂是技术资源与课堂教学整合的典型案例，技术在改变课堂模式和学生学习方式中发挥了重要作用。

课堂模式方面，通过技术彻底颠覆了传统课堂先教后学的模式，实现了先学后教。聚奎中学翻转课堂的第一个环节为教师集体备课、录制微课视频，学生观看微课视频进行学习，第二个环节为教师课堂答疑，第三个环节为学生平台训练，这就将学生学习前置在教学之前，真正实现了翻转课堂。同时，利用技术，由优秀教师录制教学视频，解决了优秀师资流动的难题，让学生接受更好的教育，在课堂模式上实现了突破。

学生学习方式方面，聚奎中学的翻转课堂有利于学生自主学习能力的提升。翻转课堂的第一个和第三个环节均为学生自主学习，这种形式能够倒逼学生克服依赖心理去主动学习，从而养成自主学习能力。同时，平台会根据学生学习情况，进行针对性练习推送，一定程度上解决了传统教学因材施教的难题。技术在改变学习方式方面起到了明显的作用。

但不可否认的是，翻转课堂对教师技术水平和学习环境智慧水平要求较高，对学生自主学习能力水平要求也较高。实施翻转课堂需要教师素养、设施设备和学生能力的同步提升，大面积地推广翻转课堂尚需一个发展周期和过程。但其观念和技术资源整合的思路能为现代课堂教学改革带来许多有益的启示。

案例 3 数据驱动精准教学案例——极课大数据助力精准教学[①]

一、案例简介

随着大数据技术在教育领域应用探索的快速推进，数据驱动教学范式呈现出四个特征：科学化、精准化、智能化和个性化。大数据技术为班级授课制环境下的因材施教奠定了基础，使大数据驱动的精准教学模式成为可能。无锡市辅仁高级中学“极课大数据精准教学”系统（以下简称“极课系统”），实现了学业数据的常态化有痕采集，并完成了一轮精准教学实验，成功实现

① 沈志斌，王玉家. 数据驱动的精准教学研究［J］. 中国教育信息化，2019（23）：74-76.

了教学质量的有效提升。

二、案例呈现

（一）实现学情数据常态化有痕采集

没有学情大数据就没有精准教学，智慧教学没有大数据就“智慧”不起来。实现常态化学业数据有痕采集是开展数据驱动的精准教学的前提。传统学情数据采集采用人工“画正”统计方式，耗时低效，一般教师不能坚持；网上阅卷系统可以快速采集数据，但缺少批改痕迹，对教学带来不便。为了使学情数据有痕采集走入常态化，极课系统设计了“先纸质批改后扫描录入”的方案，这样既遵循传统又提高效率。具体的做法是，教师登录“极课教师端”、编制一份作业或测试卷、赋分值、选择题赋答案、赋题目的知识点、生成 PDF 文件、打印文稿、油印讲义、学生作答、教师批改、扫描采集数据、计算并上传云端保存。实践表明，一个班的作业或试卷，一分钟左右就可以完成数据采集上传，相当于完成约四十分钟的人工统计工作，极大地提高了数据采集的效率，为常态化有痕学情数据采集奠定了基础。

（二）实现数据驱动的精准教学

教师端可以看到多维度的数据分析报表：学情报告、成绩单、作业逐题分析、详细分析报表（班级学情、试题详情、年级对比等）、学生跟踪等。

1. 实现数据驱动的精准纠错

课堂教学的常态是教师必须对上一堂课作业中暴露出的问题进行补救性教学，通俗地讲就是作业讲评。目前有三种讲评形态：第一种是没有重点，按题号顺序讲评；第二种是教师凭作业批改时的印象选择性讲评；第三种是基于采集数据精准讲评。作业讲评是课堂教学常态化的事件，通过数据驱动的精准讲评，极大地提升了讲评的精准程度，减少讲评时间，保障新课教学时间，从而整体提升课堂教学的效率。

2. 实现数据驱动的滚动教学

每个学科都有经典的知识难点。突破难点需要教师有智慧地组织教学。在一轮精准教学实验中，研究者就物理学科某个知识难点（系统匀加速运动中的变力问题）构成的综合问题，开展数据驱动的滚动教学实验，先后组织三次变式教学，时间跨度半年有余。实验数据表明，对于知识难点，教师不能指望一次性教学就能达到理想的效果，教师必须有课程意识，适时进行滚动教学、变式练习，一般三轮教学就可以达到较好的效果。基于上述实验结论，教师将其应用到日常教学中，周末学习任务就选择一周内的高频错题进行变式练习。

3. 实现数据驱动的精准辅导

教师在备课时有个基本目标，即一堂课实施后有 80% 的学生能掌握就认为达标了。也就是说，教师在备课时已经将 20% 的学生边缘化了，因此课后的精准辅导是课堂教学的必要补充。课后辅导需要解决两个根本问题：一是谁需要辅导；二是他的主要问题是什么。利用极课系统可以方便地解决这两个问题。由于在扫描录入时，所有学生的错题均被系统保存下来，教师通过查看学生的错误解答，了解其错误归因，开展精准辅导。通过常态化数据采集，系统为每名学生自动生成学业档案，跟踪学生的学业发展水平，教师利用学生学业档案，可以大大提升精准辅导的效果。

（三）实现数据驱动的个性化学习

1. 实现一键导出错题

每名学生都是一个鲜活的个体，不同的学生经历着不同的学习过程，有着不同的学习体验，随着学业的不断积累，其自身的知识结构也不相同，尤其是知识和方法的薄弱点不相同。极课系统自动记录着每名学生的薄弱点。同时，依据艾宾浩斯遗忘理论，为了与遗忘作斗争，及时复习十分重要。每周或每月，学生通过极课系统下载自己的错题本并订正，一方面学会知识管理，掌握个性化学习方式，另一方面养成错题重做的习惯也是一种学习能力的体现。

2. 实现个性化资源推送

长期以来，教师一直有一个梦想，就是为每名学生定制课程资源，实现个性化教学。这个梦想受技术和资源条件的限制一直无法实现。通过常态化学业数据采集、云计算和云存储，极课系统可以为每名学生定制教学资源，如一份作业、一段视频、一节微课等。

三、案例研讨

阅读案例，小组合作研讨以下问题：

（1）大数据驱动的精准教学模式需要哪些教学条件？在教学实施中如何实现大数据驱动的精准教学模式？

（2）与传统课堂相比，大数据驱动的精准教学模式具有哪些优势与不足？

（3）大数据驱动的精准教学模式中，教师应发挥什么作用？

四、案例评析

大数据技术使数据驱动的精准教学成为可能。案例中的“极客大数据精准教学系统”是无锡市辅仁高级中学的一种实验尝试。从案例中可知，大数据驱动的精准教学模式主要通过三个环节来实现，一是学情数据常态化有痕收集，这是制订精准教学目标的依据；二是数据驱动的精准教学，这是开展精准教学活动的支撑；三是数据驱动的个性化学习，这是实施精准教学评价的反映。三个环节将数据与教学深度融合起来，突破传统课堂局限，实现个性化教学。

其一，在制订教学目标方面更为精准。传统教学目标的制订更多依赖教师的教学经验或者依靠人工作业批改带来的数据反馈，经验的个体差异和作业批改的耗时低效，使教学目标的定位存在一定的偏差。极客系统优化了这种实践，在试卷和作业批改时实现了快速便捷，同时能够对数据进行快速的统计，这种结果可以为教师教学目标的制订提供依据，从而实现目标的精准。

其二，在教学活动实施中更为精准。传统的班级授课制是一种面向全体学生的授课模式，虽然课堂效率高，但对学生个别化辅导及错误的反馈订正方面存在不足。极客系统能够实现精准纠错、滚动教学和精准辅导，从而跟踪学生水平，集中时间突破重难点知识和帮助学困生群体，实现精准教学。

其三，在教学评价中更为精准。传统的教学评价多为统一的试卷检测，能够反映出学生的学业水平，但对学生学习的持续改进帮助不大。极客系统一方面能够一键导出错题，便于学生养成错题重做的习惯；另一方面还能够实现精准资源推送，便于学生根据个人情况进行针对性练习和学习，从而发挥评价的导向与发展功能。

活动三　实作与反思

活动提示：按要求完成实作并思考多媒体课件与课堂教学融合的注意事项。

多媒体课件是一种重要的信息化教学资源，是在一定的教学理论指导下，根据教学目标设计的、体现某种教学策略、表现特定教学内容的计算机软件。多媒体课件融入课堂教学，可以更直观地呈现知识的产生过程，加深学生对知识的理解，吸引学生注意力，激发学习兴趣，在现代课堂教学中发挥着其他媒体无法替代的作用，成为中小学课堂教学最为常见的技术资源整合载体。

认真阅读上面的材料，完成下列活动。

（1）小组研讨：好的多媒体课件具有什么特点？

（2）课件制作：结合自己所学的学科专业，任选一课，使用多媒体软件制作一个教学课件。

（3）展示交流：全班展示交流，说明自己制作的多媒体教学课件的设计理念与特色。

推荐资源

[1] 蔡连玉，金明飞，周跃良. 教育数字化转型的本质：从技术整合到人机融合 [J]. 华东师范大学学报（教育科学版），2023（3）：36-44.

[2] 白雪梅，顾小清，尹欢欢，等. 数据驱动精准教学：实践路径、感知理解与现实困境 [J]. 电化教育研究，2022（4）：77-84.

[3] 孔利华，谭思远. 信息生态场域中的AI双师课堂：内涵、构建与评价 [J]. 远程教育杂志，2021（3）：104-112.

项目四
学习评价能力

学习评价是教学的有机组成部分，对教学活动具有强烈的导向作用。评价是一种价值判断活动，学习评价是根据学生的学习目标，对其学习内容的掌握情况、学习进展情况以及学习效果进行价值判断的活动。具体来说，学习评价是根据学生在人为创设的或自然的特定情境中的表现，对其所掌握的知识和具备的能力进行判断的过程；也是通过收集学生的各种学习证据，支持教师作出关于学生表现判断和鉴定的过程。学习评价是学生学习系统的反馈调节机制，是为了检验学习目标的实现程度而对学生的学习状况和发展水平进行的评估。学习评价是学生学习过程中不可或缺的反馈手段。在日常教学中，学习评价是促进学生学习、改进教师教学的重要工具。学习评价能力是教师教学的基本能力。本项目从中小学教师日常进行学习评价的角度，重点对评价学习过程、评价学习结果和组织学生进行自主评价等基本技能进行训练。

任务一
评价学习过程

学习过程评价是基于学习过程中学生的学习证据对学生学习情况作出判断的过程。学习证据作为学生学习情况的表现形式，反映了学生的学习水平。学习证据对学生学习过程评价至关重要。教师需要通过课堂提问、观察学生学习情况、展示学习作品及书面作业等多种有效形式收集学生的学习证据，并根据所收集的学习证据评价学生的学习情况。

本任务不仅有学习过程评价，还有表现性评价、档案袋评价和学生作业评价，这些评价方式既可以用于评价学习过程，又可以用于评价学习结果。在本任务中安排学习这些内容有两个原因：一是表现性评价、档案袋评价是新时代教育评价改革所倡导的学习评价方式，不仅有利于学生在学习过程中运用这些评价，更有利于将其迁移运用到评价学习结果中，起到递进强化训练的作用；二是评价学生作业是教师的日常工作，也是教师获得学生学习证据的最基本的方式，因此将其单列为本任务的一项内容。

活动一　阅读与思考

活动提示：阅读下列内容，理解学习及其特点，了解学习过程评价的内涵、功能，理解学习过程评价的特点和要求；了解表现性评价和档案袋评价及其在学习过程评价中的作用，掌握运用表现性评价和档案袋评价进行学习过程评价的基本步骤，掌握学生作业评价。

一、学习过程评价

（一）学习及其特点

学习有广义和狭义之分。广义的学习是指人在生活过程中通过实践或训练而获得的较为持久的心理和行为变化的过程。狭义的学习是指学生在学校里的学习，是学生在教师的指导下有目的、有计划、有组织地系统掌握知识和技能，促进身心发展的活动。本项目中所指的学习是狭义的学习，即学生在学校里的学习。学生在学校里的学习是学生个体获得知识和经验的过程。

学习是使学生适应学习环境的手段，其目的是使学生个体行为或能力发生相对持久的变化。

学生的学习是在教师的组织和引导下，有目的、有计划地进行的学习。学生的学习任务是要求学生在一定的时间内掌握前人所积累的社会历史经验（包括知识、技能和道德规范等）。学生在学校里的学习活动具有以下特点：第一，学习的目的性，学生的学习是在教师的指导下掌握系统的知识、技能和形成良好的道德品质，学习具有非常明确的目的性和方向性；第二，内容的间接性，学生在学校学习获得的主要是前人的经验，这种间接性反映在学生学习过程的始终；第三，活动的集体性，学生的学习主要是以班级授课制的方式开展，班级中的学习活动和交往对学生的学习有重要影响；第四，时间的有限性，鉴于学生的学习任务特征，学生需要在一定的时间内接受系统的、经过教师选择的、一定数量的知识内容，要求学生的学习应是高效的。

学习是一种复杂的过程，关于学习的类型，根据不同的标准，有不同的划分。一是根据学习内容划分，我国心理学家潘菽将学习分为知识的学习、技能的学习、以思维为主的能力的学习、道德品质和行为习惯的学习；二是根据学习目标划分，美国心理学家布卢姆将学习目标分为认知领域、情感领域和动作领域；三是根据学习结果划分，美国教育心理学家加涅提出有五种学习结果，即言语信息、智慧技能、认知策略、动作技能和态度；四是根据学习方式划分，美国教育心理学家奥苏贝尔将学习划分为接受学习和发现学习、意义学习和机械学习。

（二）学习过程评价的内涵

学习过程评价是对学生在学习过程中的表现情况作出的评价。在教学中，教师常用一些评价手段对学生的学习表现、学习结果、学习方法、学习习惯等作出判断。例如，教师根据学生在课堂教学中的表现等情况，进行即时口头评价。这种即时评价的内容以鼓励性语言为主，评价方式以口头评价为主。再如，课堂上教师让学生将自己或小组所完成的作业或任务进行交流展示，进行展示性评价。可见，学习过程评价的方法是多样的，如口头评价、展示性评价、测验评价等。开展评价活动时，可以是教师进行评价，也可以是学生进行评价，学习过程评价的主体是多元的。

（三）学习过程评价的功能

1. 学习诊断功能

了解学生的学习状态，分析学生在学习上的优势和不足，是教师对学生进行学习过程评价的一个重要目的。教师对学生进行学习评价，主要是为了弄清以下两个问题：一是了解学生已经掌握的知识和技能，帮助教师在教学活动中，避免进行多余的教学指导工作；二是了解学生目前学习上存在的问题，帮助学生解决这些问题将是教师以后教学应关注的重点内容。可见，通过学习过程评价，教师可以了解学生已达到的水平和学习中存在的问题，分析造成学习有利或不利的原因，确定帮助学生学习的对策和措施，进而提高学生的学习效率。

2. 反馈调节功能

有效的学习过程评价所获得的结果包含了学生的学习过程的各种信息。对这些信息的分析和及时反馈，可以帮助学生了解学习中存在的优势与不足，对学习过程的各个环节进行有效的调节和控制。反馈学习评价，可以通过他人评价，如教师、家长、同学评价的方式反馈给学生，也可以通过自我评价的方式。及时反馈学习过程评价有利于学生不断增强自我意识，通过自我调节，不断实现自我更新。

3. 激励功能

科学合理的学习评价，可以激发学生学习的内在动力。通过学习过程评价，学生付出的努力以及获得的成绩与进步会得到教师、家长的肯定，学生由此可获得成就感，增强学习信心；通过学习过程评价，及时发现学习中存在的问题，有助于帮助学生认清自己的学习现状，看到需要改进和努力的方向。发挥学习过程评价的激励功能，增强学生的学习信心，是学习评价的重要目的。

4. 促进教师改进教学功能

教师对学生进行学习过程评价，可以帮助教师判断学生是否达到了预期的学习效果。教师总是期望学生能够朝着预期的目标前进，如果所有的学生都达到了预期，那么教师的教学就是有效的；如果只有少数学生没有达到预期，那么教师可以针对少数学生进行个别化的指导；如果多数学生都没有达到预期的学习效果，那么教师的教学显然是存在问题的，教师必须对教学进行相应的调整和改进。可见，学习过程评价可以帮助教师判断自己的教学效果，促进教学改进。

（四）学习过程评价的实施

教师实施学习过程评价中应注意以下四个方面：

1. 采用多种方法

评价学习过程需要教师收集学习证据，收集学习证据的方法是多样的。教师既可以在课堂中发现并收集学习证据，又可在课后发现并评价学习证据。学习过程评价方式要根据学习评价需要，既可以采用教师评价，又可以组织学生进行自主评价，让学生在学习中实施评价，在评价中促进学生发展。

2. 关注教学活动质量

学习过程评价是对学生正在进行中的学习行为实施评价，学生的学习情况及时反馈给教师，为教师改进教学提供信息。因此，学习过程评价也是对教师教学活动质量的评价，教师教学活动质量反映在学生的学习过程表现中。教师应把学习过程评价作为改进教学的契机。

3. 审视学习过程变化

学习过程是学生学习变化发展的过程，在这个过程中，学生的情感、知识、能力和学习方式等都在变化。学习过程评价在学生的学习过程中实施，评价活动随着教学活动的进行有序开展。教师应根据教学需要开展学习过程评价活动，增强评价活动的有效性。关注学习过程，不仅要评价学生当下的学习表现，还应为学生后续的学习提供反馈，以利于学生改进学习。

4. 引导学生参与评价

对学生的学习过程进行评价，教师应帮助和引导学生在评价活动中进行自我调节，学习过程评价不仅是学生诊断和改进学习的途径，还能让学生在评价活动中学会参与评价、自主开展评价。

二、表现性评价

学习评价方式是多样的，教师在教学中常用到的是表现性评价，这是一种新型的学习评价方式。

（一）表现性评价的内涵

表现性评价有别于传统的评价方法，是基于学生完成一定的任务来考查学生学习情况的评价方法。用于表现性评价的任务也称表现性任务，通过对学生完成表现性任务过程的考查，教师可以评价学生多方面的表现，包括相关的知识与技能，对问题的理解水平，在完成任务时所采取的策略，表现出来的态度与信心，以及广泛利用各种知识解决问题的能力等。

表现性评价具备以下三个特点：第一，评价任务的情境性。表现性评价要求学生在某种情境下完成任务。这种任务情境是为了评价而设置的，其目的是考查学生运用知识和技能解决问题时所表现的行为、情感等。第二，评价标准的多重性。表现性评价不是用单一的标准来衡量学生的行为表现。例如，测评学生的英语水平时，应从学生的听、说、读、写等方面进行综合评估，而不是仅考查学生的语音语调或流利程度。在进行评价之前，要预设质量标准，并对每个用于测量学生行为的标准都有明确的说明。第三，评价结果的主观性。表现性评价是根据评价人员的判断来决定学生行为表现的可接受程度，因此具有主观性。

根据表现性评价的特点，在教学中运用表现性评价是教师对学生在任务情境下完成任务时所表现的行为，采用经过严格清晰界定的评价标准进行的综合评价。

（二）表现性评价的特点

在教学中运用表现性评价具有以下四个特点：

1. 考查学生多方面的表现

表现性评价不仅考查学生的知识与技能，在表现性评价活动中还可以展示学生的学习参与程度、学生的主动性与创造性、学生思维的深度与广度，以及学生实际生活的经验和能力等。表现性评价不是采用单一的标准，是通过多元和多视角的标准，对学生各方面的表现进行考查。

2. 体现知识与技能的综合运用

在表现性评价中，面对一项具体的任务，学生一般不能用单一的知识与技能去解决问题，往往需要综合运用所学的知识与技能。例如，小学数学设置学生“购物”的任务，完成任务不仅需要一般的购物常识，还需要有关人民币的知识、整数和小数运算知识等。完成这样的任务能够考查学生综合运用知识技能去解决问题的能力。

3. 鼓励学生找出多种答案

一般在一个实际的任务中，解决问题的方法可能是多样的，答案也不是唯一的。在寻找不同答案的过程中，学生可以了解问题的复杂性和解决问题方法的不唯一性。

4. 促进不同水平的学生都能得到发展

一般的纸笔测验结果只有对和错，而在表现性评价中学生可以有不同层次的表现。学业优秀的学生可以发挥其智慧潜能，解决较难的问题。学习较为困难的学生，也可以在完成任务中有所收获，解决与其思维水平相当的问题。

（三）表现性评价的实施

教师在学生学习过程中实施表现性评价，要注意以下三个关键步骤：

1. 选择评价任务

表现性评价是根据学生完成某一任务时的行为表现来考核学生的，评价任务的选择对于评价非常重要。例如，在传统的物理测验中，学生可以被要求完成 20 道物理题，而表现性评价要求学生完成的任务可能是在物理课堂上操作一个实验、分析实验程序、撰写实验报告、解释实验结果。选择评价任务的依据是学习目标，教师根据评价结果判断学生达到学习目标要求的情况。

2. 确定评价标准

标准是人们作出判断或决定时所依据的规则。学生表现的评价标准是开展表现性评价的关键。教师给学生表现评分的过程，其实就是判断学生达到标准程度的过程。评价所依据的具体标准，直接影响教师对学生进行评价的方式。例如，语文教师可以从文章结构、语言词汇、表达的清晰程度三方面给学生作文评分，也可依据书写、标点、语法来评分。这样两个不同的评价标准所得到的结果可能有很大差别。

3. 进行观察和评价

确定了评价标准之后，教师就要将其用于判断学生的表现。教师要依据评价标准对学生的表现进行系统的观察，确定学生的评价结果。多数情况下观察和评价是同步完成的。评价学生表现的某种行为，在行为发生的同时，教师要对其进行观察并根据之前确定的评价标准对学生的行为表现作出评价。例如，教师要求学生口头汇报所做的社会调查报告，可根据报告的内容、组织和表达三个方面的标准来评价。当学生口头汇报结束时，教师基本上完成这三个方面的评分。

在日常教学中，教师常常需要根据学习目标要求设置表现性任务；依据一定的评价标准，观察学生完成任务的表现，对学生的学习作出评价。

三、档案袋评价

学生学习的过程是学生成长的过程。档案袋评价也称学生成长记录袋评价，是一种能反映学生成长过程的学习评价。

（一）档案袋评价的内涵

档案袋是对个人作品的系统收集。在教育领域，档案袋是教师用来监测学生在某一特定学科领域的知识、技能和态度发展的系统整合的证据收集，是对学生作品的系统收集。也就是说，档案袋是学生在教师的指导下收集起来的可以反映学生的学习成就和进步情况的一系列的学习作品，其中还包括教师、同学和学生自己对作品进行评价的有关材料，以及学生的学习反思及其他相关材料。档案袋中的作品显示了学生在某一段时间内、某一领域内的学习状态和发展情况。根据档案袋中作品所表现的学习成就可以分为最佳表现档案袋和日常表现档案袋，如在学习过程中所完成的最优秀作品应属于最佳表现档案袋，学生的平时作业、学习心得就应归于日常表现档案袋。根据档案袋中作品的内容可以分为成果表现档案袋和过程表现档案袋，如学生的实验报告、制作物品等应属于成果表现档案袋，学生的学习计划、学习总结和一定时间跨度的同一内容作品等反映学习过程的作品就属于过程表现档案袋。

档案袋评价是以档案袋为依据对评价对象进行客观综合的评价。学生学习档案袋评价是对档案袋中学生在一段时间内，带着一定目标系统收集的作品以及学习过程记录和学习成果进行评价的方法。教师对这些可以显示学生学习成就的一系列表现、作品、评价结果以及其他相关记录和资料进行分析，了解学生的学习和成长过程。档案袋评价关注学生的进步、努力与成就。档案袋里的学生作品来自学习过程的不同阶段，是学习过程的“快照”，用“快照”连接的画面就是学生学习进步的足迹。同时档案袋评价是在尊重学生个体差异的基础上评价每一名学生。对于将什么作品放入档案袋，每名学生可以根据自己的情况选择作品，作品反映的是每名学生的成长过程。

（二）档案袋评价的特点

档案袋作为一种物质化的资料在呈现学生的学习成果尤其是呈现关于学生持续进步的信息方面具有重要作用。档案袋不仅是学生自己选定资料的汇编，同时也包括学生对完成作品过程的描述或记录，还包括学生本人、教师、同伴和家长对作品的评价。

档案袋评价具有以下特点：第一，作品收集的目的性和计划性。目的性表现在学生作品的选择要求，收入档案袋的作品是根据评价目标要求确定的；计划性表现在作品收集的过程安排，如什么时候放入作品，两次作品间隔多长时间，放入多少个作品等。第二，内容要求的成长性与表现性。成长性表现在作品要反映学生成长变化的过程；表现性要求作品是学生学习的直接表现。第三，作品分析的多样性与整合性。档案袋中的学生作品不止一件或一类，作品包括了体现评价目标要求各方面的材料，对作品的分析应是多视角、多维度的；对档案袋中学生作品的分析，不是只对单一件作品进行分析，需要对整个学习过程的作品及相关材料进行整合。第四，评价活动的主题性与反思性。主题性要求评价活动应根据评价目标确立评价活动主题，保障评价活动是有效的；开展评价活动的重要目的是通过作品的展示和分析，促进学生的学习和教师教学反思，以确定改进学习和教学的方向。

使用档案袋进行学习评价具有以下优势：一是让学生参与评价。档案袋评价为学生提供展示成就的机会，学生会选出自己最好的作品，使学习过程成为评价过程的一部分。二是见证学生的进步。学生作品是学生进步或退步的证据，有利于学生、家长和教师见证学生的进步与成长。三是有利于教师改进教学。档案袋评价所提供的作品或成果是改进和实施教学的重要依据，教师根据作品所表现的学生的学习情况，以此判断学生是否达到了预期的表现水平。四是有利于教师全面了解学生的学习过程。学生作品能提供全过程、多方面、具体的关于学生的学习情况的证据。

（三）档案袋评价的实施

档案袋评价是一个关于建立档案、整理档案、分析档案和对学生的学习进行评价的系统过程，主要有四个步骤。

1. 明确档案袋的重要性

教师要向学生和家长说明档案袋评价的目的，明确档案袋的教育功能，让学生意识到档案袋是收集自己的作品和成果，并按照要求自己进行维护。教师要指导学生对自己的作品进行分类和选择，这些作品可以是学生完成表现性任务的记录，也可以是学生对一个问题的精彩回答，还可以是一份重要的学习测验结果。

2. 确定档案袋内容

档案袋要反映学生的学习进步，是学生学习过程的记录。对档案袋作品必须有选入要求，作品应是学生学习过程及其学习变化的真实反馈。教师和学生可以一起确定档案袋作品的选入要求。例如，为了反映小学生一学期的数学学习情况，可以列出与学生数学学习相关的作品，如课堂笔记、课堂练习、数学试卷、错题档案，小组活动记录等，师生共同确定选入哪些作品。需要注意的是，档案袋收集的作品与档案袋评价的目的相关，目的不同，选择的作品要求也不同。

3. 选择作品样本

一般要求放入档案袋的作品能为教师提供有效的参考信息，以便教师确定学生是否达到了学习目标的要求。档案袋的作品样本既包括必选内容，又包括可选内容。必选内容是展示学生的共同基础，可选内容是展示学生的个性特点。学生的每一个作品样本都应注明日期，包括完成日期和放入日期，以提供成长过程的证据。

4. 评价档案袋

评价档案袋最为重要的因素是评价标准，要为使用档案袋提供清楚和详细的指南。指南应说明两个问题：一是作品样本什么时候提交和展示；二是档案袋中的每一份材料如何评价。需要注意的是，学生应该在完成任务前就知晓评价规则。对于评价标准，教师可以和学生一起商议制订。评价档案袋可以采用自我评价和同伴评价的方式，让学生参照评价标准对材料进行评价。

四、学生作业评价

布置和批改作业是教师教学的日常工作，也是教师应具备的基本的学习评价技能。

（一）作业及其特点

作业是与达成一定的学习目标和完成一定的学习任务密切相连的学习活动。学生完成作业的目的在于巩固所学的知识和技能。学生完成作业的过程对于培养学生独立思考能力和按时完成任务的习惯具有重要意义。学生作业是教师了解学生学习情况、评价学生学业水平和改进教学的重要依据。

学生作业分为课外作业和课内作业。课外作业是根据教师要求学生在课外时间独立进行的学习活动，是教师依据一定的学习目标设计并要求学生利用非教学时间完成的各种类型的学习任务。一般认为课外作业是课堂教学的延伸。课内作业是教师在课堂上要求学生运用所学知识完成的学习任务。需要注意的是，在教学过程中，学生凡是能在课内完成的作业应尽可能在课内完成。

学生作业有两个特点：一是作业的目的性。作业是教师布置给学生的学习任务，有一定的功能和目的，教师要有意识、有目的地设计作业。二是作业类型的多样性。作业不仅包括书面作业，还包括口头陈述、实践操作等非书面作业；不仅包括学生独立完成的任务，还包括小组合作完成的团队任务。

（二）布置作业

由于学生存在能力上的差异，教师在布置作业时要注意以下问题：

第一，让学生明确、具体地了解所要完成的作业。教师在布置作业时要让学生知道作业完成的目的、要求，规定完成作业的时间，让学生养成按时完成任务的习惯。

关于进一步减轻义务教育阶段学生作业负担和校外培训负担的意见

第二，作业内容要求与教学内容要求一致。学生完成作业的一个重要目的是巩固课堂学习内容。作业内容要求与教学内容要求一致有助于学生巩固和加深理解所学的知识和技能。

第三，作业题目具有典型性或代表性。教师要根据学习目标和学生情况，对教材中的习题进行筛选或补充一定的典型习题，这样可以帮助学生举一反三、触类旁通。

第四，控制作业量。作业量大、作业类型重复，都会加重学生不必要的学习负担，不仅达不到巩固知识形成能力的目的，更会使学生对学习产生厌恶情绪。教师布置作业要贯彻省而精的原则，做到精练，不搞题海战术。

第五，作业难度适度。一般来说，作业的难度以全班多数学生克服一定困难独立完成为宜。作业太难会使学生产生失败感，丧失学习信心；作业太容易不利于学生学习能力的提升。

第六，有弹性地布置作业。教师布置作业要关注学生的差异性，既要设置最低限度应完成的基本作业，又要设置具有一定挑战性的作业让学生选做。这样让学生通过完成作业，在学习上得到不同程度的发展。

（三）批改作业

批改作业是教师检查学生学习效果、指导学生学习管理的重要手段。批改作业的方式有：全批全改、重点批改、轮流批改、当面批改、学生互评、师生共评等。教师批改作业要注意以下三个方面：

1. 按时收发作业，及时批改作业

学生在完成作业后十分注意自己的作业结果。教师按时收发作业并及时批改，学生可以及时获得反馈信息，改正错误和发扬优点；有利于教师及时了解学生的学习情况，解决学生在学习中存在的问题；教师为学生按时完成任务树立榜样，有助于培养学生的责任意识和良好的学习习惯。

2. 作业批改与作业研究相结合

教师批改作业不仅要认真仔细，还要研究学生作业。一是教师分析学生的原意和思路，找准学生出现错误的原因，帮助学生分析错误，指导学生改正错误。二是教师对学生作业出现的错误进行统计，记录典型问题，将作业研究成果作为改进教学的依据。

3. 作业批改与作业评价相结合

作业批改不仅是简单地对学生作业作出“对”或“错”的判断，教师还需要对作业进行评价。评价要公正，评语要针对性强，既要肯定学生的成绩鼓励进步，又要指出学生的缺点和不足。特别注意的是，教师对学习困难学生的进步要及时给予肯定，帮助学生树立学习自信。

活动二 案例与评析

活动提示：通过分析两个案例，进一步强化对表现性评价和档案袋评价特点的认识，掌握实施表现性评价和档案袋评价的基本步骤。

案例 1 高中化学“以素养为本”的学习评价

一、案例简介

本案例的教学内容是“氧化还原反应”，是高中化学必修课程中概念原理类的内容，是高中一年级全体学生都要学习的重点知识。这是《普通高中化学课程标准（2017 年版 2020 年修订）》关于在学习过程中实施表现性评价的案例。由于篇幅限制，此处在呈现上对原案例进行了一定的修改。

二、案例呈现

在高中化学“氧化还原反应”教学时，某教师为了突出化学学科核心素养，对该教学内容设计了四项学习任务和与之对应的评价任务（见表 4-1），教师通过观察学生的学习表现，评价学生化学学科核心素养的发展情况。

表 4-1 “氧化还原反应”的学习和评价任务表[①]

学习任务	评价任务	评价条件
实验探究食品脱氧剂的作用	诊断并发展学生化学实验探究的水平（定性水平、定量水平）	对食品脱氧剂作用的探究实验设计方案的交流和点评
揭示氧化还原反应的本质	诊断并发展学生对氧化还原本质的认识进阶（物质水平、元素水平、微粒水平）	对具体氧化还原反应的判断
建立氧化还原反应认识模型	诊断并发展学生对氧化还原反应认识思路的结构化水平（视角水平、内涵水平）	对具体氧化还原反应的分析
运用氧化还原反应原理，设计并讨论汽车尾气绿色化处理方案	诊断并发展学生对化学价值的认识水平（学科价值视角、社会价值视角、学科和社会价值视角）	对汽车尾气绿色化处理方案的讨论和点评

三、案例研讨

此案例将教学中的学习任务与评价任务进行一致性设计，教师根据学生在实验探究、小组讨论、方案设计、交流点评等活动中的表现，对学生氧化还原反应的学习质量和化学学科核心素养的发展水平进行评价，发挥了化学学习过程评价的诊断与发展功能。请按以下要求进行案例分析：

（1）试分析案例中所体现出的表现性评价的特点。

（2）借鉴此案例，谈谈在进行学习过程评价时如何体现核心素养的要求。

四、案例评析

此案例是实施表现性评价的评价任务表。设计表现性评价任务表要注意：

一是关注学习过程。学习过程评价是一种在课程实施过程中对学生的学习进行评价的方式。评价时将学习目标与学习过程并重，对学习效果、学习过程以及与学习密切相关的非智力因素如学习态度、情感等进行全面的评价。

二是及时适时评价。学习过程评价是在学习过程的同时进行，教师要及时、适时进行评价。从表 4-1 中可以看出教师在学习过程的同时进行学习评价。

三是细化评价内容。学习过程评价内容是由一系列可测量的具体内容构成的，设计评价任务时要把评价任务细化成具体的评价内容；注意所细化的

① 中华人民共和国教育部. 普通高中化学课程标准：2017 年版 2020 年修订［M］. 北京：人民教育出版社，2020：93-97.

内容应从构成评价任务的维度进行划分。

案例 2 高中物理实验设计学习评价

一、案例简介

这是高中物理教师运用档案袋评价学生在物理实验设计能力方面的进步情况的案例。案例根据档案袋评价要求，强调实施档案袋评价的基本环节。

二、案例呈现

某教师认为通过档案袋里的作品可以帮助自己和学生发现一段时间过后学生作品在质量上的变化。如果教师对学生实验设计的指导是有效或成功的，学生作品将会反映出学生实验设计能力的明显进步。

高一上学期初，教师向学生说明建立档案袋的重要性和实施档案袋评价的目的，要求每位学生建立一个实验设计学习档案袋，并将每次实验设计的最初作品和修改后的作品放入档案袋中，每一件作品上都要标明日期。高一上学期中，教师要求每位学生完成 3 个实验设计任务。每一次实验设计任务完成后，教师都要组织一次有关实验设计学习档案袋的讨论会。讨论会上每位学生向同学介绍自己的作品，并对自己的作品进行自我评价。在高一上学期期末，教师让学生从自己的实验设计学习档案袋中选出最佳成果，以及形成这一最佳成果的体会，组成一个展示型实验设计学习档案袋，并在实验室展出一周。

三、案例研讨

对教师所进行的高中物理实验设计学习评价案例进行分析，讨论在教师开展档案袋评价的各个环节中的具体做法，并提出你的建议：

（1）明确档案袋的重要性；

（2）确定档案袋内容；

（3）选择作品样本；

（4）评价档案袋。

四、案例评析

这是实施档案袋评价的案例。在实施档案袋评价时要注意明确使用档案袋评价的目的和标准。

使用档案袋评价的目的：档案袋对学生作品的收集是有意图的，使用档案袋评价主要有三个目的——描述学生的进步、展示学生的成就和评估学生的情况。此案例主要体现了前两个目的。

档案袋评价的标准：对学生档案袋里的作品样本进行评价必须要有清晰明确的评价标准。此案例在评价档案袋环节，缺少评价标准的说明。案例是对学生实验设计能力进行评价，可从实验设计能力的维度确定档案袋评价的具体内容和水平，编制档案袋评价说明。

活动三 实作与反思

活动提示：本活动为评价方案设计，请按照下列要求完成实作练习。

请基于自己所学的学科专业，采用表现性评价或档案袋评价的方式，设计一份学习过程评价方案。注意评价方案必须包括以下内容：

（1）方案名称

（2）评价内容

（3）评价理念

（4）评价主体

（5）评价工具（评价表）

（6）实施评价需要注意的方面

推荐资源

[1] 董泽华，蒋永贵. 指向劳动素养的表现性评价 [J]. 人民教育，2022（19）: 60-62.

[2] 蔡文艺. 项目化学习中表现性评价的运用研究 [J]. 上海教育科研，2022（12）: 62-66.

[3] 钟启泉. 发挥“档案袋评价”的价值与能量 [J]. 中国教育学刊，2021（8）: 67-71.

任务二 评价学习结果

学生的学习结果是指学生由学习引发的个人变化，是学生在某阶段学习结束时的学习表现。学生的学习结果主要表现在学习意愿、学习能力、知识和技能的获得等方面。评价学生的学习结果是对学生在某一阶段的学习情况作出总结性的评价。评价学习结果不仅是为了了解学生在学习结束时的情况，更重要的是通过学习结果评价促进学生改进学习。也就是说，促进学生的学习进步是评价学习结果最为重要的目的。

本任务包括学习结果评价的原则和学习结果测试。纸笔测试是中小学进行学习评价的基本方式，也是评价学生学习结果的主要手段，因此在本活动一中将单列出来重点介绍。

活动一 阅读与思考

活动提示：通过阅读下列内容，了解学习结果评价的原则；理解各种学习结果测试的运用条件；了解纸笔测试的主要环节，掌握开展纸笔测试的基本技能。

一、学习结果评价的原则

由于学习活动的复杂性，进行学习结果评价应从学习评价的功能、参照标准、评价主体、方法等不同角度采用主体多元、方式多样的评价。

（一）整体性原则

整体性原则是指在进行学习结果评价时要将学生学习的全过程进行整体评价。根据学习过程不同阶段对学习评价进行分类，可以分为诊断性评价、形成性评价和总结性评价。

诊断性评价也称教学性评价、准备性评价，一般是指在某项教学活动开始之前对学生的知识、技能等情况进行的预测。例如，摸底考试就属于诊断性评价。诊断性评价的目的是了解学生是否具有达到新的学习目标所必需的基础知识和技能，以便确定教学内容的起点和进度。

形成性评价也称过程性评价，是学习过程中的动态评价，是教师为了解学生的学习情况、及时发现教和学中的问题而进行的评价。例如，在课堂上教师对学生的学习表现进行即时口头评价，学生展示交流评价和为了反映学生变化所进行的档案袋评价等就属于形成性评价。形成性评价能使教师及时地掌握学生的学习情况，发现教学中存在的问题，进而不断地调整和改进教学。

总结性评价也称终结性评价，是在教学活动结束后为判断学生学习效果进行的评价。一个单元、一个模块或一个学期的教学活动结束后对最终结果所进行的评价，都可以说是总结性评价。比如，期末考试就属于总结性评价。总结性评价除了给学生评定学习成绩外，对下一阶段学生的学习也具有预测、评估的作用，比如，可以帮助教师确定学生后续课程学习的起点。这说明总结性评价还具备部分诊断性评价和形成性评价的功能。

可见这三种评价贯通于学生不同的学习阶段，是学生学习过程的整体反映。诊断性评价结果呈现学生的学习基础，这是实施教学和评价学生学习的基础；过程性评价结果反映学习过程中学生的学习态度、学习行为和学习能力等方面的情况；总结性评价结果是学生知识掌握和知识应用能力的表现。因此，对学生的学习结果进行评价应将三种评价有机整合形成整体。只将总结性评价作为学生的学习结果评价是片面的，不能客观全面地反映学生的学习情况。应以诊断性评价为基础，将形成性评价和总结性评价相结合作为学生的学习结果评价。

（二）综合性原则

综合性原则是指在进行学习结果评价时要将学科课程标准、学校教学质量要求和学生个性发展等方面进行综合考虑。按照评价的不同参照系对学习评价进行分类，可以分为绝对评价、相对评价和个体内差异评价。

绝对评价也称客观标准评价或目标参照评价，是以事先确定的目标为基准，通过检验评价对象达到目标的程度作出评价。例如，全国大学英语四、六级考试，就是采用绝对评价。采用绝对评价是将评价对象与客观标准进行比较，以是否达到标准作为评价的主要依据。

相对评价又称相对参照评价或常模参照评价，是以被评价对象的群体为基准，通过比较不同评价对象之间的差异所作出的评价。利用相对评价可以了解学生之间的差异，便于比较群体中的个体学习成绩的优劣。相对评价的基准会随群体的不同而变化。

个体内差异评价是根据评价对象现在和过去的情况或自身不同的侧面进行比较所作的判断。个体内差异评价可以充分照顾到学生的个性差异。例如，为了反映学生的作文写作进步情况，可以采用个体内差异评价方式将学生过去的作文与现在的作文进行比较。

进行学习结果评价时要综合考虑上述三类评价的作用，既要根据学科学业质量标准，采用绝对评价以达到学科课程质量要求，又要按照学校教学质量要求，基于班级学生总体水平采用相对评价，以体现学生学习的差异，还要帮助学生树立学习信心，采用个体内差异评价以促进学生的学习进步。

（三）多样性原则

多样性原则是指在进行学习结果评价时评价方式应该是多样的。按照评价的不同方式对学习评价进行分类，可以分为定量评价和定性评价。

定量评价是指采用计算、测量、统计和量化分析的方法，即用一定的数学模型或统计方法搜集数据资料进行量化比较和分析，据此作出评价的结论。

定性评价是指对不便量化的评价对象，采用定性的方法作出价值判断。例如，用观察法、调查法、内省法、系统分析法等搜集、处理学习评价信息，进行定性描述。

对学生的学习结果评价采用何种方式，需要根据评价内容的要求来确定。如果是评价学生的化学实验操作能力，除了采用化学实验分析试题进行定量评价，还需对学生的实验操作进行观察作出定性评价。再如，评价学生的地理问题解决能力，既要让学生做地理试题进行定量评价，又可让学生表述分析问题的思路进行定性评价。在评价学习结果时不应只采用试卷进行定量评价，应根据评价内容的要求采用多样化的评价方式。

（四）多元性原则

由于学习评价主体可以是教师、学生，也可以是家长，在进行学习结果评价是要体现评价主体的多元性。对学生的学习结果进行评价不能只是教师评价，还应有学生自我评价、相互评价等，以更好地发挥评价主体的作用。

按照评价的主体不同，学习评价可以分为他人评价和自我评价。他人评价是指除学生之外的其他人对学生所作的评价。他人评价的客观性较强，更能反映学生学习的实际情况。自我评价是指学习者依据一定的标准，对自己的学习进行评价。这是学习者的自我调节性评价，能增强学习者反思和改进学习的能力。他人评价缺乏外界参照体系，主观性较强，容易出现评价偏高或偏低的问题。自我评价主要取决于评价者对自身的了解和自我意识的水平。

二、学习结果测试

学习结果测试是指学生某一学习阶段结束后，对其学习效果进行鉴定的方法。通过学习结果测试，教师可以掌握学生的知识水平、操作技能、情感态度等情况。学习结果测试一般要求学生在规定的时间内按照指定的方式，回答所要求的问题或按要求完成一定的实际操作任务，教师根据学生回答问题和任务完成情况评定学生这一阶段的学习效果。学习结果测试主要有两个目的：其一，检测学生对某方面知识或技能的掌握程度，这种测试称为效果考试。效果考试的目的是检验学生的学习水平。目前在中小学进行的学习结果测试多是效果考试，如单元测验、期中考试、期末考试就是效果考试。其二，检验学生是否已经具备获得某种资格的基本能力，这种测试称为资格考试。

根据回答问题的方式将学习结果测试的方法分类，主要有口试法、笔试法、操作法等。笔试法又有闭卷笔试和开卷笔试。

（一）口试法

口试法要求学生在规定时间内口头回答应考问题，教师根据回答的正确程度作出评分。相对于笔试法，口试法具有直接性、互动性和真实性的特点，可以有效弥补笔试法的不足。直接性表现为要求运用口头语言阐述问题，学生与教师直接实现信息传递和信息交流；互动性表现为学生与教师之间、学生与所要回答的问题之间的互动；口试法测试可以真实地表现学生的收集信息能力、分析问题和解决问题能力，以及语言表达能力和现场应变能力等。口试法测试对学生的能力要求较高，要求在规定时间内学生要能迅速弄清题意，在头脑中完成分析过程，并用清晰而合乎逻辑的语言表达出来。口试法测试存在一定的局限性，如每次口试对每名学生只能提出几个问题，考查的“样本”较少；不能对学生群体同时考查，耗费时间较多；学生在教师当面提问下，可能由于思想压力大而没有发挥出自己的最高水平。

（二）笔试法

笔试法是学生在试卷纸上用笔回答事先准备好的试题，教师根据学生解答的正确程度评等判分。笔试法是学科教学中对学生进行学习评价使用频率最高的方法。笔试法的测试试卷由一定数量的题目组成，考查的“样本”较多，对知识和智力考查的信度和效度普遍高于其他测试方法。笔试法测试可让大批学生同时进行，费时少，效率高；被测试学生的心理压力较口试法测试小，学生较易于发挥正常水平。笔试法测试的评分也较口试法客观，且能保留学生作答情况的真实材料。笔试法也存在一定的局取性：不能考查学生口头表达能力和操作技能的相关内容；不能全面地了解和诊断学生的思维情况；相对固定的题型和统一的答案限制了学生思维的活跃性；学生有凭借猜测、欺骗、作弊而取得分数的可能。

（三）操作法

操作法，也称演示法，是考核操作技能的测试方法。操作法要求学生按照一定的规程，执行某项具体任务，如现场操作、实物制作、现场表演等，完成教师拟定的测试项目。操作法主要用于测试学生的操作技能、艺术技巧、动作技能等，是口试法和笔试法的重要补充形式。

三、纸笔测试

纸笔测试为了考查学生知识学习的情况，将要考查的内容以问题形式呈现，要求学生在规定时间内解答，根据相应的评分标准评定学生的学习成绩。开展纸笔测试主要有以下七个环节。

（一）制订测试大纲

在对学生进行学习测试之前，首先要明确为什么要进行学习测试、测试什么内容。测试大纲要体现课程标准的基本理念和核心素养要求。测试内容要求应与课程标准中相关内容的要求一致。测试内容要具体化，将测试目标分解为具体可测的内容要求。如初中数学测试，不仅要根据课程标准将测试内容分为具体的内容领域，还要细分到具体的数学内容，及其蕴含的数学思想方法和数学核心素养要求。

（二）拟定命题双向细目表

为了将测试内容分解为具体的命题内容及其要求，需要编制命题双向细目表。命题双向细目表是一种测试内容和测试目标（能力）之间的关联表，是按两种分类标准编制成的表，即将要测试的具体内容进行分类，并与测试目标（能力）对应，如表 4-2 所示。

表 4-2　命题双向细目表

测试内容	测试目标（能力）			合计
	水平 1	水平 2	水平 3	
内容 1				
内容 2				
内容 3				
……				
合计				100

命题双向细目表是设计和编制测试试卷的一种结构或框架。拟定命题双向细目表是命题工作的重要环节，是命题质量的基本保障，有助于教师克服命题的随意性，掌握命题目标要求。命题双向细目表是教师命题时分布测试内容及其比例的依据，也是测试后进行测验评价的依据。编制命题双向细目表时要注意，第一，测试目标要契合所测教学单元（或学期）的教学目标；第二，

测试内容范围要覆盖所测教学单元（或学期）的主要内容；第三，测试内容所占比例与教学内容比例大致相当。

（三）编制测试题

试题按照评分时的客观性程度可以分为客观题和主观题。客观题是由试题编制者规定了明确答案的考试题目，其特点是具有固定的反应方式和明确的评分标准，可以采用机器阅卷。客观题主要有选择题、判断题、匹配题等。主观题是事先没有设定标准答案，学生按照自己的理解来回答的考试题目，常见的论述题、作文题等就属于主观题。

为了保证测试的有效性，编制测试题时须注意三个问题。一是试题要涵盖重要目标。试题应该反映教学的重要目标及目标水平。这里要注意的是，不少教师在编制测试题时，试题评价的多是学生对事实性知识的记忆以及低水平行为。这是因为编制有关事实性知识的简答题或选择题相对于编制评价学生理解能力、运用能力或其他高阶能力的试题要容易得多。但是试卷不能只有对事实性知识的记忆的试题，还应该有反映学生理解能力、运用能力或其他高阶能力的试题。二是试题表述要明确、简洁。编制试题最为重要的是，教师要具备清晰简洁的表达能力。试题陈述简短、表达清晰，让学生知道应该做什么，不用花费大量不必要的时间去阅读；同时保证试题的题目设置独立，每个题目代表一个独立的评价内容。三是测试前要检查试题。试题编制的错误可能与教师缺乏教育评价的熟练技能有关，但更多的是与教师不能明确表达自己的测验意图有关。在编制好试题之后，教师应该稍后再重新阅读一遍试题，也可请同事进行阅读，这样的防误性阅读有助于找出试题中的错误。

（四）制订评分标准

试卷编制完成后需要制订评分标准。评分标准包括以下内容：第一，客观题的标准答案，主观题的答题要点。客观题的标准答案只是提供评分的相对标准，不能绝对化。尤其是对于填空型题目，学生填入的答案与标准答案可能表述不同但意义相同也应该获得该题分数。主观题的答题要点是解答问题必要的思路和步骤，教师设计答题要点时要考虑学生答题时可能出现的步骤，应有不同思路的答题要点。第二，每个题目的赋分值。客观题直接根据答案情况赋分即可；主观题的答题要点赋分标准要进行说明，并且赋分标准要与可能出现的其他答案保持一致。第三，答题的基本要求或规范。主观题的评分标准除了对答题要点赋分值进行说明外，还要写明答题规范，如答案的字数要求、阐述时语言的组织、表述规范等，以避免阅卷时的随意性。

（五）组织测试

试卷印制完成后，进入组织测试环节。根据测试任务和内容要求，确定纸笔测试的组织方式是开卷测试还是闭卷测试。组织纸笔测试一般有三项主要工作：一是要确定测试时间、场地等安排；二是要让学生明确参加测试的纪律要求，如果是统一组织的期末考试、升学考试等，要对学生进行考试诚信教育，学生必须遵守考试制度；三是安排测试组织教师，若是闭卷测试则要安排监考教师。

（六）评定成绩

测试结果全部反映在学生的试卷中。教师需要分析试卷中的信息，评判学生成绩，给出分数或等级。分数或等级是对学生测试成绩的概括。分数评定是用一个数字代表学生的成绩。就成绩而言，学生在每一道试题上的表现被转化为一个分数，所有试题的分数总和就被用来判断学生的学习成绩。等级评定是将学生在试卷的表现用等级来区分。等级评定要说明确定达到每个等级必须具备的分数或水平，只要学生得到了一定的分数或水平就能达到某一个等级。

（七）评讲试卷

考试的目的不仅是给出学生成绩，更重要的是促进学生改进学习。评讲试卷是教师帮助学生反思学习、改进学习的有效方式。评讲试卷要注意以下方面：第一，说明试卷内容。中小学的常规考试是按照一定教学进度进行的，有明确的内容规范和要求。教师向学生说明试卷的相关内容分布及学习要求，可以帮助学生反思学习，明确自己掌握或未掌握的知识和技能。第二，明确订正要求。纠正错误改进学习是评讲试卷的目的。教师要对错题订正提出明确的要求，例如，要求学生用红笔纠正试卷中的全部错题，规范正确地重新做错题，建立错题档案等。第三，有针对性地分析错题。教师要对出错率高的试题进行重点分析，包括：分析试题的内容本质，帮助学生再次巩固相关知识；分析试题的解题思路，帮助学生正确理解解题缘由，突出基本方法；分析规律，归类评讲。教师评讲时要对知识和技能进行概括总结，让学生纠正一道题，会解一类题。

活动二　案例与评析

活动提示：通过两个案例分析，初步掌握命题双向细目表编制要求；理解试题编制原理，掌握试题点评要求，并能进行试题点评。

案例 1　高中数学命题双向细目表

一、案例简介

《普通高中数学课程标准（2017 年版 2020 年修订）》提出数学核心素养为数学抽象、逻辑推理、数学建模、直观想象、数学运算和数据分析。① 在高中数学课程学习结果评价中应体现数学核心素养的要求。本案例是基于高中数学核心素养和高中数学内容编写的命题双向细表，旨在说明编制命题双向细目表的基本要求。

二、案例呈现

为了测试高三学生综合复习后的情况，某教师将数学核心素养作为相关内容的测试目标，拟定了高中数学命题双向细目表（见表 4-3）。

表 4-3　高中数学命题双向细目表

题型结构			测试内容	核心素养						难度
题型	题号	分值	核心考点	数学抽象	逻辑推理	直观想象	数学运算	数学建模	数据分析	
单项选择题	1	5	复数的四则运算				√			易
	2	5	集合的运算		√		√			易
	3	5	古典概率（分组）					√		易
	4	5	平面向量的模、数量积		√					易
	5	5	椭圆的离心率				√			易
	6	5	几何体的体积			√		√		中
	7	5	函数与导数	√						中
	8	5	函数与不等式		√		√			难
多项选择题	9	5	函数的性质	√		√				易
	10	5	空间线、面的位置关系		√	√				中
	11	5	任意角、三角函数的概念	√	√			√		中
	12	5	空间角的计算			√	√			难

① 中华人民共和国教育部. 普通高中数学课程标准：2017 年版 2020 年修订［M］. 北京：人民教育出版社，2020：4-7.

续表

题型结构			测试内容	核心素养						难度
题型	题号	分值	核心考点	数学抽象	逻辑推理	直观想象	数学运算	数学建模	数据分析	
填空题	13	5	正态分布						√	易
	14	5	解析几何、平面距离				√			易
	15	5	递推数列、数学文化				√			中
	16	5	情境创新题	√	√			√		难
解答题	17	10	空间几何体的体积、空间角			√	√			易
	18	12	三角函数的图象与性质		√		√			中
	19	12	递推数列、数列的和	√	√					中
	20	12	概率、统计	√				√	√	中
	21	12	直线与双曲线的位置关系		√		√			难
	22	12	情境创新题	√	√		√			难
备注：总分 150 分，用时 120 分钟										

三、案例研讨

请对案例中的命题双向细目表按要求进行分析：

（1）命题双向细目表要求测试内容要与测试目标（能力）对应，试列举两项测试内容分析其对应的测试目标（能力）及其分值。

（2）从测试内容划分的角度来看，对案例中的命题双向细目表你能提出哪些修改建议？

四、案例评析

表 4-2 是命题双向细目表的基本格式。拟定命题双向细目表时还需要注意两个问题：第一，测试内容划分要在同一水平。这是教师编制命题双向细目表时容易忽略的地方，如案例中的测试内容有的在学习领域水平，有的却在学习领域下的主题水平。第二，为了规范试题编制，命题双向细目表往往还要把测试内容落实到具体的知识点，并说明试题的题型和难度等，如表 4-3 所示。

双向细目表还可用于分析教材内容，有助于教师掌握教材内容安排及其教学要求，如单元知识双向细目表。

案例 2　高中历史测试题

一、案例简介

此案例是2020年普通高等学校招生全国统一考试（全国Ⅱ卷）历史试题（有改动），重点考查学生理解与运用知识的能力。

二、案例呈现

阅读材料，完成下列要求。（25分）

材料一

永定河属海河水系，清初“水患频仍”。康熙三十七年（1698年），直隶巡抚主持治河，改行河道，并在两岸筑堤防系统。竣工后，康熙皇帝赐名“永定河”，下旨：“永定河工，照黄河岁修、抢修之例办理。”清廷设立永定河道，总理永定河事务，有近2 000名河兵常年修守。改名永定河后的40年内，下游浸溢、决口达20次。清中期以后，在永定河修建17处减水坝，各减水坝下均开挖有减水引河。一段时期内不再洪水泛滥，但河道淤积严重，到清末已成“墙上筑夹墙行水”的形势。

——据（清）《永定河续志》等

材料二

新中国成立后，中央在大江大河治理中把保证人民生命财产安全放在首位。1951年，开始在永定河上修建官厅水库，这是海河流域第一座大型水库。1957年，《海河流域规划》编制完成，其方针任务是：防止华北洪涝灾害，发展灌溉、航运、发电、工业城市给水。1963年11月，毛泽东发出“一定要根治海河”的号召。海河流域各地分别成立“根治海河”指挥部，在工程实施中采取了“集中力量打歼灭战”的方针。“根治海河”前期，每年用在水利建设上的劳动力达百万以上。骨干工程在用工与治理顺序上实现了各省市的团结协作。经不懈治理，海河流域的洪涝等自然灾害得到有效控制，“十年九荒”的历史彻底改变。

——据《海河志》等

（1）根据材料一并结合所学知识，概括清代治理永定河的措施及其效果。（10分）

（2）根据材料并结合所学知识，分析新中国成立后治理海河的特点及其意义。（15分）

三、案例研讨

本案例是一道要求学生根据问题情境运用所学知识解决问题的试题。

请从学科核心素养考查的角度，基于你的学科，查找一道近年的关于现实情境问题的试题进行分析。

（1）试题选取材料所隐含的学科核心素养。

（2）按照“发现问题——分析问题——解决问题”的过程，指出试题解答要点。

四、案例评析

该试题中的材料贯通古今，以清初和新中国成立初期对海河流域的治理措施及效果为背景，综合考查学生依据材料并调动所学知识解决问题的能力，本质上是对历史学科核心素养的考查。

该试题展示历史发展延续与变迁中的时代背景，体现时空观念。试题中的材料蕴含了对社会发展规律及人民群众创造历史等唯物史观的基本观点的运用。设问要求依据材料分析特点与意义彰显了对史料实证素养和历史解释素养的考查。

通览试题，海河治理只是一个小切口，对比分析不同时代海河治理效果的不同，旨在引领学生认识到中国共产党所秉持的人民至上的治国理念，以及社会主义制度集中力量办大事的优越性，进而增强制度自信，彰显家国情怀。

活动三 实作与反思

活动提示：本活动为试题讲评，请按照下列要求完成实作练习。

请基于自己所学的学科专业，从近年的高考（中考）试题中选择一道基于现实情境命制的试题（注：所学的学科专业无高考和中考试题的，从相关学科专业材料中选择），从以下方面进行讲评：

（1）现实情境中有关的学科信息还可能出现在哪些情境中？

（2）从目标信息（要回答的问题）出发，从现实情境中隐藏的学科信息里寻找解答问题所需要的条件信息。

（3）分析解答此题和类似问题的一般思路。

（4）阐述解答问题的基本规范和要求。

推荐资源

[1] 刘贵华. 新时代教育考试评价的创新取向 [J] 中国考试, 2023 (1): 6-10, 60.

[2] 刘钧燕. 探索基于核心素养的义务教育阶段考试评价 [J] 全球教育展望, 2022 (5): 106-116.

[3] 吴曼. 中学化学考试与评价改革的实践与研究 [J] 中国教育学刊, 2023 (S1): 128-130.

任务三
开展自主评价

促进学生成长是学习评价的宗旨，学生自主评价是学生发展性评价的显著特征。目前，开展学生自主评价已成为中小学学习评价的重要方式。学生自主评价是指学生针对自己、同学的学习情况，按照自我认同的评价标准进行诊断、分析和评价，找出自己学习上的优点和存在的问题，明确改进学习的方向，是一种学生自我教育活动。学生是学习活动的实践者，亲身体验学习过程，进行自我学习评价是学会认知、学会反思的有效途径。对于那些无法用定量表现的内容，如思考问题的方法、解决问题的途径，学习态度、兴趣等心理倾向，通过自主评价可能帮助教师更加全面地获得学生真实的学习信息。

本任务所指的学生自主评价是学生对自己和同学的学习现状、学习能力和学习态度等方面所进行的评价。学生自主评价有学生自我评价和学生相互评价两种方式。

活动一 阅读与思考

活动提示：阅读下列内容，理解学生自主评价的教育价值；掌握组织学生开展自我评价、相互评价的基本技能。

一、学生自我评价

学生自我评价是对学习过程中为完成某一学习目标或具体任务进行的主动的监测和调节，因而学生自我评价需要具备一定的对自己思维活动和学习活动的认知能力和监控能力。

（一）学生自我评价的意义

学生自我评价是指学生对自己的心理活动、行为认知等的判断和评价，学生关于学习的自我评价是学生对自己学习的某一方面或整体性的评价过程，属于自我意识的认知成分。在学生自我评价时，学生作为评价的主体正确地认识和评价自己，所作出的自我判断是一种学习性的自我评价，是学生自我教育的重要组成部分，对于提高学生自我教育能力和自我发展能力至关重要。学生自我评价的意义表现在三个方面。

1. 帮助学生正确认识自己

在教学中教师应承担这样的责任，即是要“唤醒人的潜在的本质，逐渐自我认识知识，探索道德”①。这就是帮助学生正确认识自己的学习，建立自我教育意识。自我评价是一种学会正确认识自己的自我教育实践活动。首先，学生通过自我评价可以获得正确的自我意识。学生对自己学习的关注与审视是建立正确的自我意识的前提。只有当学生“自我聚焦”时才能看清楚自己，形成正确的自我意识。其次，通过自我评价，学生经历认识自己、实现自我教育的基本过程。在自我评价中，学生可以对自己的学习进行系统的检查，剖析学习中产生问题的原因，找到改进学习的方向。

2. 引导学生正向自我激励

学生自我评价对于学生的学业进步具有推动作用，因为科学全面的自我评价可以促进学生找到自己在学习上存在的差距，明确改进学习的方向，产生后续的学习动力。学生缺乏自我评价会导致不能清楚地认识自己，形成错误的自我定位。评价的客观性和导向性，使建立在自我评价基础上的自我激励具有科学性和正向性，学生形成的自我激励会比一时情感冲动产生的高涨情绪显得更为理智且更为持久。

3. 促进学生学会反思改进学习

反思是一种认识自身的活动，在自我评价活动中，学生对发现的学习问题进行有针对性的反思，重新审视自己的学习过程和结果，形成新的学习认识，这是学习行为改进的前提和基础。在反思的基础上，学生能主动地进行学习的自我调节。学生对自己学习的认识是基于反思而得出的理性判断，因此，所进行的自我调节具有自觉性。自我调节对于学生有意识地改进学习至关重要，这样的学习改进有两个特征。第一，学习改进的目的性，通过自我评价，学生能够针对自己学习存在的差距提出明确具体的发展目标改进学习；第二，改进行动的持久性，由于自我调节是依据学生的自我评价，所引发的改进行动是自觉和理性的，有利于学生形成坚定的意志，持续改进学习。

（二）学生自我评价的影响因素

学生自我评价有着重要的激励与调节作用，其准确性是提高评价质量的关键。学生自我评价质量是由学生的自我评价认知、态度、能力和方式等因素决定的。学生自我评价容易受到外界因素的影响，教师要正确认识这些影响因素，调动学生参与自我评价的积极性，提升学生的认知水平和能力，采

---

① 雅斯贝尔斯. 什么是教育［M］. 邹进，译. 北京：生活·读书·新知三联书店，1991：9.

用恰当的方式组织学生进行自我评价。[①]

1. 开展自我评价的认知

学生对开展自我评价的认知包括：第一，认识开展自我评价的必要性，即学生要明确为什么要开展自我评价，开展自我评价要达到什么目标；第二，理解自我评价的内容，即学生要知道从哪些方面开展自我评价；第三，了解自我评价程序和方法，即学生要清楚进行自我评价的步骤及要求。

2. 开展自我评价的态度

态度是通过学习和实践形成的个体对某一对象的感觉，直接影响个体的行为选择，由态度的认知、情感和行为倾向三部分构成。因此，首先要帮助学生认识到自我评价有利于自己的成长和进步，是改进学习的重要方式；其次要引导学生以积极的心态参与自我评价活动，在自我评价活动中有获得感、成就感；最后要让学生产生我想进行自我评价的行为动机，形成自我评价的意向。

3. 开展自我评价的能力

学生的自我评价能力包括自我观察、自我分析和自我判断能力。自我观察能力要求学生在日常学习中要留意自己的想法、审视自己的决定、观察自己的行为，将观察的结果作为自我评价的素材。自我分析能力要求学生在对自我观察的基础上，对自己的观念、动机、行为及其结果进行全面系统的分析。自我判断能力要求学生根据自我分析结果，按照评价标准对自己的学习情况作出判断，找出自己的优点和存在的问题。

4. 开展自我评价的方式

教师在组织学生开展自我评价前要回答以下问题：在什么时候和什么场合组织学生开展自我评价？用什么方式处理学生自我评价的结果？学生开展两次自我评价的时间间隔多久合适？一般情况下，学生是在学习完一个单元或一个学习任务后进行自我评价；学生可以在教师和同学面前进行公开的自我评价，也可以私下进行自我评价；对于学生自我评价结果的处理，要以帮助学生正确认识自己、树立学习自信为原则，教师根据每名学生的特点来确定评价结果是否公开。

（三）组织学生自我评价应注意的方面

尽管学生开展自我评价的过程应由学生自己来主导，但中小学生的自我评价能力有限，学生开展自我评价时教师的引导和组织是必不可少的。教师在组织学生进行自我评价时要注意激励学生参与自我评价、指导学生开展自我评价和检查学生自我评价效果。

1. 激励学生参与自我评价

教师组织学生进行自我评价，首先要唤起学生自我评价的意识，激励学

---

① 蔡敏. 当代学生课业评价［M］. 上海：上海教育出版社，2006：224.

生参与自我评价活动。学生自我评价的意识需要教师在日常教学过程中加以强化，如在完成作业后要求学生进行自我检查，在单元（主题）学习后要求学生总结学习情况，在一学期结束时要求学生分析进一步改进学习的方法等。其次，教师要采用多种方式激发学生自我评价的动机，例如，让学生给自己写评语，分析自己的优点和存在的问题；也可以让学生给自己画像，描绘自己的特点等。

2. 指导学生开展自我评价

教师指导学生开展自我评价有三项任务：第一，设置自我评价教育活动情境或任务，为学生提供自我评价的机会，让学生主动地进行自我反思和自我检查。第二，帮助学生明确自我评价的内容。一方面，教师要让学生理解自我评价，明确自我评价的具体行为表现；另一方面，教师要引导学生根据自身情况选择评价重点，找到影响或阻碍学习进步的主要问题。第三，指导学生选择合适的评价标准。对学生个体而言如果把评价标准定得过高，学生可能因为自己难以达到而产生自卑心理；若是标准过低，学生会觉得太容易而产生自满情绪。

3. 检查学生自我评价效果

由于学生的自我评价能力还没有完全形成，在学生开展自我评价后，教师应检查学生自我评价效果，通过检查引导学生对自我评价进行反思，从而提高学生自我评价能力，增强自我意识。教师对学生自我评价检查指导的主要内容有：学生自我评价结果是否客观真实地反映了该学生的学习状况，所分析的原因是否准确，学习改进的目标是否恰当等。

二、学生相互评价

学生相互评价以学生群体互动为基础，是中小学常见的一种学习评价方式。

（一）学生相互评价的意义

学生相互评价是在教学过程中，学生依据一定的评价标准，在学生之间对学习态度、学习过程及学习效果等所作的评价。这种评价方式使学生能够积极参与到学习评价过程中，改变由教师单一控制的学生学习评价系统，体现了学习评价主体多元化的教育理念。学生相互评价是让学生学会信任他人、公正地对待自己和他人的有效方式。学生相互评价对于学生的自我意识和社会性发展，以及健全人格的养成发挥着重要的教育功能。

1. 促进学生客观认识自己

一般来讲，学生的自我认识发展是一个心理发展过程，要经历三个阶段：第一阶段是自我中心期，学生对自己的认识主要依据自己的理解和判断，缺乏客观性；第二阶段是客观化时期，学校的各种因素影响着学生对自我的认识；第三阶段是主观自我时期，学生的个性逐渐形成，对社会事物有自己的认识和见解。其中第二阶段——客观化时期至关重要，学生在这一时期要学会客观地认识自己，摆正自己和他人的关系。在学校所有可能影响学生自我意识发展的因素中，同伴作用显得尤其重要。学生针对他人的表现作出评价，相互提出意见和建议，这样的相互交往活动能够帮助学生更清楚地认识自己。在相互评价中，学生可以获得较为客观的关于自己的信息，纠正对自己认识的某些偏差，建立正确的自我意识。

2. 促进学生学会沟通交流

学生在学校学习是实现个体社会化的过程。这里的社会化是指学生获得未来社会生活所必需的品质、价值观、信念以及行为方式的过程。通过社会化，学生逐步学会与人交往，形成社会规范意识，为将来担当社会角色、履行社会义务作准备。培养沟通交流能力对于学生社会性发展十分重要，学生相互评价是培养学生沟通交流能力的有效方式。为了能够对同学作出客观的评价，学生需要对评价对象进行认真的观察和分析，并用恰当的语言进行评价。学生互评能激发学生强烈的表现欲望，充分发表自己的意见，实现个体在群体发展中的作用和价值。

3. 促进学生形成良好品德

开展学生互评能够促进学生多方面品质和能力的形成。一是形成实事求是的态度。在学生互评中，评价者要根据观察到的现象，对他人的表现作出符合客观实际的评价，评价中不能带有个人偏见；被评价者要认真听取其他同学的意见，正视自己的长处和存在的问题。二是养成虚心好学的习惯。学生在评价别人时要发现其长处，向他人学习；在接受别人评价时要虚心听取意见，改进自己的不足。三是强化相互帮助行为。在学生互评中，学生平时就要关心同学、留意同学的表现，这样可以提示和强化学生互相帮助的作用。四是提升沟通交流能力。相互评价要求学生能够清楚准确地表述自己的意见，因此，学生必须思考采取何种方式进行评价，怎样有效地表达自己的观点。这样能让学生逐步加深对人际交往多样性的认识，促进学生人际交往能力的发展。五是提升自我监控能力。学生在互评中要注意和分析他人的行为，自然也会联想到自己的行为表现，对照评价标准可以发现自己存在的问题。这样学生相互评价与学生自我评价融为一体，有利于提升学生的自我监控能力。学生相互评价作为学生自主评价的主要方式，其表现形式为学生间彼此提出意见，以促进学生正确认识自己、改进学习。

（二）学生相互评价的组织形式

根据教学需要，教师组织开展学生相互评价可以采用多种形式。①

① 蔡敏. 当代学生课业评价［M］. 上海：上海教育出版社，2006：246.

1. 一对一相互评价

一对一相互评价是指在评价时一名学生与另一名学生结成对子，彼此进行评价。这种评价方式组织起来比较容易，同桌的两位学生就可以结对互评。在课堂教学中，教师布置需要独立完成的学习任务，同桌的学生独立完成后再进行交流、评价；也可以组织同桌的学生相互检查课堂练习情况，指出对方的错误，帮助同伴改进学习。

2. 小组成员相互评价

小组一般是由学生自愿组合建立的，4 人左右为宜。小组成员间相互评价要有明确的分工，每位学生都要轮流作为评价对象，小组其他成员分别对评价对象的学习进行评价，提出自己的看法和改进学习的建议。为了保证小组成员相互评价的效果，教师要引导小组成员建立小组互评规则，包括评价活动时每位学生都要按照评价内容进行评价，不能偏离主题；要选定小组负责人，负责组织小组讨论，协调有争议的问题，促进小组成员之间相互理解、达成共识；要安排评价记录员，在评价活动时做好记录，并在评价活动结束后发放给每位成员，以便学生及时整理小组成员提出的意见。小组负责人和评价记录员应由学生推荐产生，小组成员轮流担任。

3. 小组之间相互评价

小组之间相互评价是一种以群体的状态、行为和成果作为评价对象的评价活动，一般是在小组之间开展学习竞赛或小组集体学习活动的情况下使用。小组之间相互评价是将小组作为一个整体来观察评价，评价的是整个小组的表现。因此，小组之间的相互评价有利于激发组内学生的合作意识，形成小组内部的合力，是培养学生群体意识和协作精神的有效方式。开展小组之间相互评价活动时要防止一种倾向，这就是学生为了使自己小组取得好的评价结果，一味挑剔别的小组的问题，对别的小组指出的问题进行辩解，引起小组之间的矛盾和争执。教师在组织小组之间相互评价时要引导学生坚持评价的客观公正性，实事求是地开展评价；虚心接受别的小组提出的意见，从中找到自己小组存在的问题，借鉴别的小组的长处，改进自己的学习，促进共同进步。

4. 班级同学对个体的评价

这种学生相互评价的组织形式是教师课堂教学时用来调动学生参与课堂学习的常用方法。如教师在课堂上要求学生在某一具体情境中发现问题、提出问题和解决问题，当某一学生回答问题后，教师让班级的其他同学对该学生的发言进行评价。在班级同学的评价交流中，学生不仅可以学习借鉴其他同学的方法，还可以找出解决问题的办法。

（三）组织学生相互评价应注意的方面

1. 适时开展即时性互评和总结性互评

学生相互评价具有形成性，评价时教师不要过于追求系统性和完整性，应根据教学需要选择针对学习过程中的某一学习情境进行评价，这样既可以调动学生参与，又可以让学生相互借鉴学习。例如，学生在课堂上完成练习后，教师可以让同桌的学生相互批改。学生在课堂上发言后，教师让其他同学就该学生的观点发表意见、提出看法。在合作学习时，让学生相互之间就合作学习的表现进行评价等。这些即时性互评活动不仅是调动学生参与学习的有效方式，也是学生养成交流倾听的习惯、增强自我反思意识、改进学习的重要途径。

总结性互评一般在某项学习活动完成后或学期结束的时候进行。通过互评活动，学生对某项学习活动或一学期的学习情况进行总结。在某项学习活动完成后，立即开展学生互评，引导学生反思学习活动的目标是否达成、学习方法是否有效以及在活动中的收获等，能够让学生在互评中相互启发，是一种有效的活动总结形式。在学期结束的时候开展学生互评是为了对整个学期的学习情况进行总结，具有全面性和整体性。期末互评的内容和形式需要教师精心设计，互评前教师要先向学生布置任务，让学生明确互评活动的意义、评价内容和组织形式。例如，让学生给同桌的学生写评语，经小组讨论后给每位成员提建议等。期末互评的结果应作为学生的学业表现记录放入学生个人档案袋。

2. 确定学生相互评价的原则

学生相互评价是学习评价的重要形式，确定评价内容应遵循目标原则、可接受原则和激励原则。

（1）目标原则

学习评价的任务是检查学生的发展状况与培养目标之间的差距。学生相互评价的内容应是教育教学目标要求的内容，这样才能通过学生相互评价来检查教育教学目标的实现程度。在课堂教学中开展的学生相互评价，评价内容应符合教学内容的目标要求；在某项学习活动结束后开展的学生相互评价，评价内容要反映学习活动的目标要求；在学期末开展的学生相互评价，评价内容要与本学期学生发展的目标要求一致。

（2）可接受原则

教师确定学生相互评价的内容要考虑到学生所处发展阶段的生理和心理特征。如果评价内容超出了这个年龄阶段学生的理解程度，学生进行相互评价时就会因误解评价内容而导致评价无效，甚至会因为不理解评价内容而无法进行评价活动。对于不同年龄阶段的学生，教师在评价内容的选择和表述上要有所区别，内容表述要具体，易于学生理解，必要时教师要为学生详细讲解评价内容。

（3）激励原则

激励学生改进学习是学习评价的主要目的。学生相互评价的内容要求应是多数学生能够达到的要求，不能以少数特长学生或优秀学生为参照。另外，学生相互评价时教师要注意评价导向，引导学生善于发现别人的长处，借鉴他人的经验，改进自己的学习。

3. 选择恰当的信息交流方式

学生相互评价是群体内部评价信息的交流，交流方式主要有口头表述、书面评语和评价表格三种方式。

（1）口头表述

在三种信息交流方式中，口头表述是效率最高、最容易操作的一种信息交流方式，在教学中被教师广泛使用。口头表述便于学生相互评价时直接进行交流甚至辩论，有利于增强学生互动活动的参与性；同时，口头表述可以训练学生的语言组织和表达能力，提高语言表达的逻辑性、流畅性和艺术性。为了让其他同学有发言机会，教师应要求发言学生表述时内容要有针对性，语言要简洁。

（2）书面评语

学生用书面评语的方式将评价意见表达出来与被评价的同学交流，有以下优点：第一，每位学生都可以把自己的意见表达出来；第二，书面评语要求撰写时认真思考、字斟句酌，评价内容较为深入；第三，便于被评价的学生收集和整理意见，有利于学生之间进行学习和借鉴。

（3）评价表格

这是相对比较正式的学生相互评价方式。首先，教师要与学生一起制订评价表格：一是选择评价内容，即从哪些方面进行评价；二是编制可测量的评价项目及其对应的评价等级。其次，教师要向学生讲解填写评价表格的注意事项，组织学生填写评价表格。最后，教师收集整理评价表格，得出学生相互评价的成绩。如果班级学生人数较多，可采用分小组的形式进行相互评价。

4. 及时纠正评价中出现的不良倾向

由于学生家庭背景、学习成绩和心理等因素的影响，学生开展相互评价时会出现一些不良的倾向，教师要及时发现并纠正，确保学生相互评价活动正常进行。不良的倾向主要包括：一是把学生家庭背景作为评价的依据。学生的家庭背景各有不同，若是某学生的家长社会地位较高、家庭经济条件较好，该学生就容易产生优越感，让其他同学羡慕，对于该学生存在的问题，其他同学有可能不愿意提出来，或者有同学提出来该学生也可能不愿意接受；反之若是某学生的家庭条件不好，家长的社会地位较低，则这名学生可能会受到歧视，尽管该学生有许多优点，也有可能得不到同学的肯定。二是把学习成绩作为评价的标准。学生在评价时往往会首先考虑被评价学生的学习成绩，若是被评价学生的学习成绩好，尽管在本次评价项目中存在问题，也可能给出较好的评价，而对平时成绩不好的学生，则给出较差的评价。三是同学间的嫉妒心理会影响评价结果。在开展学生相互评价时，有的学生明明观察到别的同学在某方面做得很好，但出于嫉妒不能给出肯定的评价。这种不良倾向产生的原因是有的学生不能正视别人比自己强，存在不谦虚、不服气的心态。

活动二 案例与评析

活动提示：通过分析两个案例，学会设计学生自我评价表和学生互评表，初步掌握组织学生进行自主评价的要求。

案例 1 高中语文学习学生自我评价

一、案例简介

此案例选自申宣成《表现性评价在语文综合性学习中的应用》一书中关于运用评分规则引领学生进行自我评价的案例。① 学生自我评价表由基本情况和评分规则的主要条目两部分内容组成。基本情况包括学生姓名、指导教师、时间、地点等。评分规则的主要条目旨在作为学生反思的提示和参考，引导学生对自己参与活动的情况进行全面反思，如"最喜欢的活动环节""需要提高的地方""怎么达到这些目标"，是引导学生思考下一步学习的改进计划和目标。学生自我评价表在活动结束时使用。

二、案例呈现

在高中语文综合性学习（演讲）时，某教师组织学生开展自我评价活动。教师与学生共同制订学生自我评价表（见表 4-4），由学生进行填写。

表 4-4 学生自我评价表

<table>
<tr><td>学生姓名：</td><td>指导教师：</td><td>时间：</td><td>地点：</td></tr>
<tr><td colspan="2">本次演讲活动的主题是：

我在本次活动中的身份是：</td><td colspan="2" rowspan="2">在本次活动所强调的要素中，我达到了哪个等级？请把等级写在该条目序号之前。

（　　）1. 紧扣主题，联系了听众的经历
（　　）2. 根据不同的情境而变化说话的方式
（　　）3. 具体而有趣的故事和细节
（　　）4. 声音的高低和快慢适中
（　　）5. 与演讲者保持目光的接触
（　　）6. 发挥肢体语言的重要性
（　　）7. 使用不同的词汇和短语
（　　）8. 使用标准的普通话
（　　）9. 内容的条理性强
（　　）10. 层次清楚</td></tr>
<tr><td colspan="2">我最喜欢的活动环节是：

我感到最无聊的活动环节是：

我做得最出色的是：

我需要提高的地方是：</td></tr>
<tr><td colspan="4">我的三个目标是：

我怎么达到这些目标：</td></tr>
</table>

① 申宣成. 表现性评价在语文综合性学习中的应用［M］. 郑州：大象出版社，2015：139.

三、案例研讨

请从以下方面对案例进行研讨：

（1）组织学生自我评价时，教师需要注意哪些问题？

（2）说说你对此评价表的看法，并提出完善建议。

四、案例评析

学生是评价的主体。自我评价不是学生自发进行的，学生的主体作用需要教师的指导才能实现。表 4-4 为学生提供进行自我评价的 10 个主要条目，学生对照条目检查进行自我评价，同时在评价中学生进一步明确演讲的要求。

学生是评价结果的主动反思者。表 4-4 所提出的评价问题是引导学生进行反思的线索，帮助学生在自我反思中查找问题、分析原因、制订改进措施。

评分规则具有引领作用。评分规则详细地描述了预期结果，在评分规则的引领下，学生可以独立地评估自己的表现，判断所处的等级，进而反思与改进。表 4-4 的评分规则只说明了具体事项，没有等级指标的细则要求，因此学生进行自我评价时缺乏依据。

案例 2 中学英语口语学习学生相互评价

一、案例简介

此案例是对英语教学中教师常用的学生相互评价方式和评价标准进行整理而成的，旨在说明在学生相互评价中建立评价标准的意义和教师对学生的引导作用，同时提供学生互评表的样例。

二、案例呈现

为了提高学生的英语口语表达能力和交流能力，某教师在早自习时间让每位学生用英语作 5 分钟报告，其他同学采用表 4-5 的英语口语练习学生互评表对报告学生的情况进行评价。

表 4-5 英语口语练习学生互评表

报告学生姓名　　　　评价学生姓名　　　　日期

一、请在 1、2、3 上画圈，表示你满意（3）、比较满意（2）或不满意（1）。

评价内容	评价等级		
报告同学作了充分的准备	3	2	1
报告同学使用词汇准确	3	2	1
报告同学英语发音正确	3	2	1
报告同学英语语调正确	3	2	1
报告同学表达自然流利	3	2	1

二、请给报告同学提出建议：

三、案例研讨

请对案例中的英语口语练习学生互评表按要求进行分析：

（1）组织学生相互评价时，教师需要注意哪些问题？

（2）说说你对此评价表的看法，并提出修改建议。

四、案例评析

学生相互评价的标准。学生互评表为学生提供了评价的一系列行为标准，是学生开展相互评价的主要依据。表 4-5 是学生进行相互评价的互评表，学生依照互评表进行评价，可以避免因被评价学生的家庭背景、学习成绩以及嫉妒心理造成的评价质量不高、结果不客观的问题。

学生相互评价的引导。学生进行相互评价时，面对评价表中的开放问题需要教师引导。如表 4-5 中“请给报告同学提出建议”，将满意评价等级转化为具体的事实，即要求学生在评价过程中做好记录；根据事实指出存在的问题，养成学生以事实为依据进行评价的习惯。

活动三　实作与反思

活动提示：请按照下列要求完成实作练习。

请基于自己所学的学科专业，分小组进行评价方案设计与交流活动。

步骤 1：基于你所学的学科专业，设计一项评价方案；

步骤 2：分小组制订《评价方案学生互评表》；

步骤 3：在小组内展示你所设计的评价方案；

步骤 4：同组学生对你所展示的方案进行评价。

推荐资源

[1] 刘绿芹，李润洲. 学业述评：日常学生评价的理性追求 [J]. 中国教育学刊，2022 (9)：32-39.

[2] 王洪席，杜卓洋. 综合素质评价中学生自我评价的内在逻辑 [J]. 教学与管理，2022 (25)：36-38.

[3] 安德森，克拉斯沃尔，艾雷辛，等. 学习、教学和评估的分类学：布卢姆教育目标分类学修订版 [M]. 皮连生，主译. 上海：华东师范大学出版社，2008.

项目五
教学反思能力

20 世纪 80 年代以来，强调培养教师反思能力的教育思潮在美国、英国、澳大利亚等国家的教师教育界兴起，之后迅速波及并影响到世界范围内的教师教育界。教学反思是教师对自己的教学理念、教学行为、教学过程、教学结果等进行自我回顾和分析的过程。日常教学反思习惯的养成有助于提高教师的问题意识、推动教学创新、促进学校形成反思性的教学文化。教学反思存在的时空广泛，表现形式是多样化的，常见的如说课、评课、写反思日记、课例研究、行动研究等都是教师反思的重要方式。这些反思方式在实施的难易程度上存在差别，在效果上也存在差异。其中，中小学教师运用得最广泛的是说课、评课、课例研究三种反思形式，因此，本项目重点对说课、评课、课例研究三种教学反思能力进行训练。

任务一 说课

说课是教师同行以“课”为载体进行的一种交流活动。说课是教师在备课基础上进行的理性思考，说课活动的开展有利于提高教师的理论素养和教学反思能力，也有利于促进同伴之间的相互交流，形成知识共享，因而受到教师与教育研究者的广泛重视。

活动一 阅读与思考

活动提示：阅读下列内容，理解说课的内涵要素与特征，熟知说课包含的内容维度，尝试运用说课的相关理论对说课活动进行点评。

一、说课的内涵及要素

说课是教育领域中促进教师自身发展和学校校本教研的有效途径。但在说课的实践过程中，不少教师对说课活动仍存在一些困惑和误区，例如，将说课等同于备课或者上课，认为说课就是说教学过程等。[①] 因此，有必要对说课的概念进行清晰的界定，以便于更好地开展说课活动。

说课是教师主要用口头语言对自身教学设计、教学实施等情况进行分析和说明的教学行为。它作为教师职业活动中的基本构成，是课堂教学行为的延伸与扩展，是教师总结教学经验、发现教学问题、提升教学智慧的重要手段和桥梁。[②] 这个定义包含几层意思：第一，说课主要用“口头语言”进行，重在交流，否则就不能称为“说”；第二，说课可以在课前实施，也可以在课后实施。第三，说课重在分析，这种分析不仅是对教学设计的分析或说明，也可以涉及教学其他方面，如教学过程、教学效果等。

说课主要包含五个基本要素：（1）理念——以教育教学理论为指导，解读教学构思与行为，表达教学行为的理论依据；（2）主体——教师（包括说者和评价者）；（3）客体——所教课程与教学；（4）中介——以语言表达为主，

① 苏鸿. 高效课堂：备课、上课、说课、听课、评课［M］. 上海：华东师范大学出版社，2013：93.

② 郑金洲. 说课的变革［M］. 北京：教育科学出版社，2007：4.

配合文字、图像或视频、实物演示；(5)形式——个体阐述、群体评析和研讨。[①]

二、说课的特征

说课使教师的教学构思从隐性走向显性，从个体独立劳动走向合作共享劳动。说课具有以下三个特征：[②]

(一)理论性和科学性

说课是在备课的基础上进行的，虽然教师在备课过程中已经对课程标准、教材、学情等进行了初步的分析和处理，但是这种处理相对浅层和感性。说课能够促使教师反思教学设计的相关要素，发现备课过程中的不足和疏漏之处，进一步修改和完善教学设计。除此之外，说课的核心要点是让教师明白"为什么这样教"，而不仅局限于"教什么""如何教"的问题。从这个意义上说，它能使教师更加明确教学的理论依据，使教学更具理论性和科学性。

(二)交流性和研究性

说课是教师群体之间以"课"为载体的交流活动，其学习形式符合合作学习的基本理念。教师共同体通过说课活动能够实现知识共享，促进教师深入地分析"教什么""怎样教"以及"为什么这样教"等问题，进一步深化它也可以成为教师教学研究的重要组成部分和重要形式。从这一角度而言，说课可以成为一种具有交流性和研究性的教研活动。

(三)简易性和灵活性

说课不受时间、地点、教学设备和人数的限制，只要有 2 人及以上，用 20～30 分钟的时间即可完成一次说课。作为日常教研活动的说课，一般要求说课教师在 10～15 分钟内完成阐述，然后由听课者共同评议，实现教学改进。由此可见，说课相较于上课、评课等教研活动，操作更为简易和灵活。

三、说课与其他教学活动的关系

在日常实践中，不少教师混淆了说课与其他教学活动的关系，因此，有必要弄清说课与相关概念的联系与区别。

---

① 方贤忠. 教师专业发展的 4 项基本技能：备课、说课、观课、评课［M］. 上海：华东师范大学出版社，2013：1.

② 方贤忠. 教师专业发展的 4 项基本技能：备课、说课、观课、评课［M］. 上海：华东师范大学出版社，2013：2.

（一）说课与备课

说课与备课既有联系又有区别。就联系而言，两者都要求教师研究、整合相关课程资源和学情，从而上好一堂课。两者之间的明显区别主要表现在四个方面：

1. 内容上的区别

备课主要是教师围绕“教什么”和“怎样教”两个方面的内容进行准备。而说课除了研究“教什么”和“怎样教”之外，重点研究“为什么这样教”，为教学寻找理论依据。

2. 对象上的区别

备课内容主要是面向学生，所以教师在备课过程中，考虑更多的是学情。而说课是面对同行的教师或专家，因此，教师在准备说课时，更多需要考虑评议人员的知识水平、关注焦点与表达方式等方面的因素。

3. 文本上的区别

教师备课的呈现形式应该是一个完整的教案，它是教师对教学的设想与操作方案。而说课主要是说明“这样教”的原理性依据，是在备课和撰写教案基础上的理性反思与表达①，具体表现形式上没有明确的要求。

4. 活动方式的区别

备课往往表现为教师个体的隐性思维活动，而说课则是对备课结果的理性化表达，是教师用生动、清晰的语言把备课过程中的隐性思维过程及其理论根据述说出来，以便在教师群体中进行交流。

（二）说课与上课

说课与上课是密不可分、相互促进的关系。说课是上课的基础，通过说课可以引导教师反思教学设计中存在的问题，并运用教育理论分析和解决问题，从而提高上课的效率。因此，说课质量在一定程度上影响着教学效果。说课与上课之间也具有显著的区别。

1. 内容上的区别

上课更多的是教师实施自己的教学设计，主要是“怎样教”的教学过程；而说课主要阐释清楚“为什么这样教”的教学原理，从而厘清教学逻辑和理论架构。

2. 对象上的区别

上课主要面对的是学生群体，通过师生之间的互动从而促进学生发展；而说课主要面对的是教师群体，同行之间相互评议，从而达到共同提高的目的。

---

① 苏鸿. 高效课堂：备课、上课、说课、听课、评课［M］. 上海：华东师范大学出版社，2013：99.

3. 形式上的区别

上课是教师通过教学环节的设计引导学生的学习；而说课主要是说课者向听课者以说的形式详细讲解教学设计及其原理和依据。在实践中，说课者往往容易混淆说课内容和上课内容，把教案当作说课稿使用，然而，这两者之间是有实质区别的。

4. 能力要求不同

教师上课主要面对的是学生，除了教师自身的教学能力、言语表达、课堂板书、教态等方面会影响教学效果外，学生的表现也会影响教学效果；而说课效果主要取决于教师对教学内容分析的质量。

（三）说课与评课

说课和评课都侧重对教学进行理性的分析，但二者分析的侧重点有所不同。说课重在说“理”，阐明教学设想中的“为什么这样做”，属于事实描述的范畴；而评课重在对教学行为和教学效果的得与失进行分析评议，作出价值判断，属于价值评判的范畴。说课与评课的这一区分表明：说课活动不应该变成简单地粘贴理论标签或者评价优劣得失，而是应该围绕教学活动展开深度的理性分析。[①]

四、说课的主要内容

说课到底说什么？这是说课者首先需要考虑的问题。原则上所有与教学活动相关的要素都可以成为说课的对象。基于此，说课的内容可以按照不同的标准进行分类。而在某一具体的案例中，该说什么、怎么说，可能也是灵活多样的。在不同的历史时期，由于时代背景的差异，人们对说课的认识也在不断地变化和发展。例如，在当前课程改革的背景下，教学目标的呈现形式经历了“双基”“三维目标”到核心素养的变化，教学方法的选择从重视教师的教转变为重视学生的学，教学过程不仅重视预设，还要重视教学的生成，等等。随着课程改革的不断推进和教学理念的不断改进，说课的内容也在随之拓展。

下面我们将基于我国课程改革的背景，从说课要素的角度，兼顾说课的流程，将说课的主要内容分为六个方面。

（一）说教学理念

任何一种教学活动都是基于一定的理念进行设计的，无论教师是否意识

① 苏鸿. 高效课堂：备课、上课、说课、听课、评课［M］. 上海：华东师范大学出版社，2013：100.

到理念的存在，其教学行为都会受到潜在的影响。因此，在说课实践中，需要关注对教学理念的述说，要有意识地用课程改革所倡导的课程理念来审视教学活动。在当前课程改革以及核心素养培育的大背景下，教学理念需指向作为课程研究者的教师观、作为学习主体的学生观、以二次开发为特征的教材观等观念的转变。因此，教师在阐述的时候，可以依据核心素养的理念谈论教学设计中目标、内容、实施以及评价等核心要素设计的理论依据。

（二）说教学目标

对课程标准、教材以及学情三者的分析是教学目标设计的理论依据，因此，教师需要从以下三个方面来阐释：

1. 说课程标准

课程标准既是说课的内容，又是说课的依据，是教师的执教之纲。在说课实践中，教师尤其需要阐明课程标准对本部分学习内容的相关要求。在说课实践中，教师可以深入研读课程标准，从目标、内容、实施建议以及评价建议等几个方面来整合课程标准关于学习内容的相关要求。

2. 说教材

梳理教材的目的在于确立教学内容的范围与深度，厘清教学内容各部分之间的相互关系，为后面的教学设计奠定基础。教师可以从三个方面来说教材：（1）说教材的地位与作用。首先，教师要阐明授课内容在整个学段以及教材体系中的地位和作用。其次，教师要阐明教学内容与前后知识衔接的关系。最后，教师还可以阐明教学内容与核心素养的对应关系。（2）分析教材的编写思路、结构特点以及重点、难点。教师可以利用思维导图等工具梳理教材内容的编写思路，实现教学内容从书面形式到理性化形式的转化。同时，教师还要阐明教学的重点、难点和关键点及其确定依据。也有教师将教学重点、难点和关键点及其突破作为与教学目标并列的要素单列出来进行强调，这里教师可以灵活处理。（3）说课程资源的开发。教材只是课程资源的一种载体，并非课程资源的全部，教师在运用教材的过程中，需要对教材进行重组、补充和拓展，这个过程其实就是开发课程资源的过程。在说课活动中，教师要阐明为了实现教学目标，如何筛选、整合相关材料，将其转化为教学内容。

3. 说学情

教师对学生的认识越全面和具体，就越能提高教学效率。学情分析的内容维度其实是很丰富的。教师可以从以下五个方面来展开：（1）对学生知识基础和生活经验的分析。知识基础是指接受新知识前的认识，生活经验是指与本节课相关的生活经验，教师在阐述的时候可以指出它们对学生学习新内容将会产生怎样的影响。（2）对学生能力的分析。对学生学习新内容所具有的学习能力进行分析，包括观察能力、判断能力、思维能力、知识迁移和运用能力以及实践能力等。（3）对学生态度的分析。泛指对学生学习新内容的非智力因素进行分析，如对学生的学习兴趣、积极性、价值观等方面进行分析。（4）对学生心理特点与认知风格的分析。认知风格是指学生在认知活动中表现出来的具有差异性的学习方式，包括场独立型和场依存型、沉思型和冲动型等。（5）对学生可能存在的困难和问题的分析。在教学过程中，学生随着教学难度的加大可能会出现一些认知误区和学习障碍等，教师在对学生进行分析时，也要考虑到这方面的问题。

（三）说教学的重点、难点和关键点（可与教材分析相整合）

这部分也可以与说教材分析相结合。教学重点一般是具有很强概括性或理论性的知识。如果把整个教材内容比作一张网，那么教学重点就相当于知识网上的一个个节点，只要把握了教学重点，就能“牵一发而动全身”，有助于促进学生的知识迁移，提高教学效率。教学难点是针对学生目前的学习情况难以理解或掌握的内容。教学难点是因人而异的，不同的学生由于生活背景、学习背景或者认知水平的差异，其难点是不同的。教师在分析教学难点时，要结合具体的学情进行分析。在说课的时候，教师也要说到教学关键点。教学关键点是指在教学内容中对顺利学习其他内容起决定性作用的知识。教学重点、难点和关键点三者之间既可能是重叠的，也有可能存在差异。

现实中，尽管大部分教师都会提及教学重点、难点和关键点，但并未关注到如何突破重点、难点和关键点的学习。在说课中，教师阐述完教学重点、难点和关键点之后，若能够进一步阐述教学设计如何突破重点、难点和关键点，则会给说课表现加分。有时教师会在教材分析时提及教学重点、难点和关键点。因此，在具体的阐述形式上，教师既可以把教学重点、难点和关键点作集中说明，又可以将其放在教材分析、教学过程等相关板块中进行融合说明。

（四）说教法和学法

教学活动是教师与学生互动的过程，传统的教学一直把教师视为教学的主体，因此，谈教学方法时更多的是指教师教的方法。而在现代教学理论的指导下，教师和学生互为教学的主客体，教学具有多边性和生成性，因此，教学方法应该包括教的方法和学的方法。其中，教法是指教师运用哪种教学手段或教学方法来完成教学内容，而学法则是指教师在教学过程中教给学生学习的方法。教法与学法的选择会依据教学目标、学情以及教学内容等多方面的因素而不断调整。一堂课可以以某种方法为主导，但大部分教师不会只采用一种方法，一般都是将多种方法组合起来。因此，如何优化教法与学法的选择是关键。

说课时，教师需要说出本节课所采用的教学方法是什么，并阐明意图，如果时间允许，甚至还可以解释打算如何运用这种方法，预计达到怎样的教学效果。同样的道理，一堂课中学习方法的选择与运用也是灵活多样的。教师在说课时，不仅要说出将采用哪些学习方法，还要阐明意图。教法和学法既可以单列出来讲，又可以渗透到具体的教学步骤中进行讲解。

教师无论采用哪种方式，都需要注意以下三点:（1）阐明理论依据。不仅要说明怎样教和怎样学，而且要说清楚选择这种方法的理论依据。（2）结合学情分析。说学法时，教师要从教材的特点出发，结合学情，渗透学法的指导。（3）教法和学法的多样性。任何一堂优秀的说课都不会只采取一种教法和学法，教师要发挥不同方法的优势，将多种方法有机结合。

（五）说教学程序

教学程序反映的是教学过程中教与学的活动结构，所呈现的是一种强操作性的活动序列。教学活动的精华和意义都是在教学过程中展开和生成的，因此，教学程序无疑是说课活动的核心部分。

在说教学程序时，教师可以从以下四个方面来展开:

1. 说教学的总体思路和环节安排

首先教师要说明教学设计的总体思路，最好能够结合教学设计的思路图，阐明教学过程的基本环节。说课时不必像教案一样详细列出，而是有所侧重地说明自己大概设计了哪几个环节、其逻辑关系是怎样的、设计依据是什么等。

2. 说教与学的活动安排

活动设计要体现教法与学法的统一、五育并举。可以从教学环节、教师活动、学生活动、活动时间、设计意图等几个方面来阐述。

3. 说教学重点、难点和关键点的处理

在介绍教学程序时教师如果可以回应是如何处理教学重点、难点和关键点的，那么会让说课内容显得更加完整。“突出重点”并非片面追求耗时量，而是要在内容剖析、点明、深化上下功夫;“解决难点”不仅要有恰当的方法和手段，还要运用教学的艺术化解难点。至于说的方式则比较灵活，可以在相应环节的述说中点明这个环节回应了哪个重点或难点或关键点，也可将几点融合在一起来说，阐明教学重点、难点和关键点是什么，教师将采用什么方法和环节进行处理，可能取得怎样的效果等。

4. 总结归纳和拓展延伸

在教学结束的环节，教师一般都会对教学内容进行总结归纳和拓展延伸。教师可以说说如何归纳知识，形成结构化的知识体系，通过怎样的方式实现知识与思维活动的适度拓展。如果教师有其他独特的设计也可以作适当说明。

说教学程序的方法很多，教师在说课时，可以将教学过程划分为导入、复习、新授知识、小结、练习等若干部分来加以说明，也可以提炼主要线索进行说课，具体形式可以根据需要作适当调整。教师在说教学程序时，需要注意两点：第一，切忌面面俱到。说课不是背教案，而是强调理性构思下的过程设计。第二，突出重点，强调教学过程机理。在说课时，不能没有关联、不分承接地说，而是将设计思路和具体内容结合起来阐述，做到理实结合。

（六）说板书设计与技术运用

板书是学生通过视觉获得知识信息的一种手段，相比于单纯的听觉，视觉能使记住信息的时间延长几倍。板书设计有利于帮助学生巩固课堂所学知识，是教学互动的重要组成部分。所以，教师在说课时，要将设计好的板书写或画出来，并用简洁的语句介绍这样设计的原因，能够产生什么效果。

现代教学活动大都会采用信息技术，那么，教师该如何向听课者介绍自己的相关设计呢？首先，教师要对技术辅助系统有所了解，知道其功能和使用价值。其次，教师要阐明自己所使用的媒体是什么，在什么时空下使用，如何发挥其教学效果，等等。在说课活动中，教师可以根据说课时间，有侧重地说明使用情况，既可以在教学过程中分散讲，又可以作集中说明。

五、说课的基本要求

说课实际上是将“说”与“课”结合在一起，通过具体的课例整合教学的理论与实践。说课的内涵、特征以及主要内容决定了高质量的说课应该要体现四项基本要求。

（一）理念的先进性

首先，说课“有理”，取决于教学设计的理论依据阐述充分和准确，理念的先进性是说课的首要要求。这种先进性体现为教学设计中教学理念的选择要能够与时俱进，体现鲜明的时代性。其次，说课“有理”表现为理念的选择具有针对性，而非泛泛而谈。在说课活动中，教师可以从设计细节出发，结合自己的理解和感悟，选择特定的理论视角来展开阐述，以体现说课活动中的理念引领。

（二）内容的完整性

说课时，教师要将书面文字转化为语言，就需要对内容进行合理的概括和转述。但是，说课不是简单地复述教案，而是要阐明“教什么”“怎样教”以及“为什么要这样教”。因此，能否按照内容维度将教学设计及其理论依据阐释清楚，是考验教师说课水平高低的重要依据。在说课活动中，教师可以按照教学设计的内容维度，采用灵活多样的形式完整地呈现教学设计的具体内容及其依据。

（三）形式的新颖性

说课效果会因说课者、说课对象或教学程序安排的不同而有所差异。形式的新颖性也是说课的基本要求之一，可以从说课的形式上来考查教师是否成功阐释教学设计的特色。这种新颖性既可以表现在对说课内容要素处理中的技巧性与艺术性，又可以表现在说课的辅助手段，如信息技术的选择和使用上。因此，在公开的说课活动中，教师要想取得最好的说课效果，内容维度的整合和表现形式的创新都是需要注意的重要问题。

（四）语言的逻辑性

说课重在“说”，重在口头的语言表达与交流，说课时语言生动形象、准确规范、逻辑严密、抑扬顿挫、吸引听课者的注意，自然能够产生良好的说课效果。其中，说课者语言表达的逻辑性是最基本的要求。在说课实践中，教师不仅要说全内容，而且要注意内容板块之间的结构关系，以及相互之间的衔接与转换。因此，教师需要特别注意说课的开场白、过渡语以及结语等相关环节的设计及其语言表述。

活动二　案例与评析

活动提示：阅读以下材料，完成案例评析活动。

案例 1　两位教师的说课案例

一、案例简介

热力环流和内外力作用与地表形态的变化都是高中地理课程中的重要内容。那么，如何以这些教学内容为载体进行说课？究竟该如何理解说课、上课、备课三者的区别？下面选取了两位教师的说课案例来说明这个问题。该案例来自苏鸿老师《高效课堂：备课、上课、说课、听课、评课》一书中引用的案例。在此说课案例中，教师甲针对热力环流这一课题，从热力环流定义的界定开始来演绎其说课。教师乙则从阐述内外力作用与地表形态的变化这一教学内容来开始其说课。

二、案例呈现

两位教师的说课案例①

课题：热力环流。

教师甲：各位老师好，今天我们来学习热力环流。什么是热力环流呢？热力环流就是由于地面冷热不均而形成的空气环流，它是大气运动的最简单形式……

课题：内外力作用与地表形态的变化。

教师乙：今天我说课的题目是"内外力作用与地表形态的变化"。本节内容由两部分构成，一是内力作用，内力作用就是由地球内部的能量引起地表形态变化的作用……二是外力作用，即来自地球外部的原因引起……

三、案例研讨

上面的案例展示了两位教师说课的开场白，请阅读之后讨论并回答问题：

（1）请根据案例判断两位教师是在说课吗？为什么？

（2）请以案例为例，简要分析说课与备课、说课与上课、说课稿与教学设计的关系。

（3）请以案例中任意一位教师的说课内容为主题，设计一段基于核心素养导向的说课的开场白。

案例 2　说教学程序

一、案例简介

说明文在小学语文教学中占据着重要的地位，本案例的教学内容是小学语文三年级下册第 11 课《赵州桥》。如何以这一教学内容为载体进行说课？在说教学程序的时候应该注意什么问题呢？下面选取了丁昌田编著的《核心素养导向的说课》一书中说教学过程时所呈现的某个案例来阐述这个问题。在该案例中，说课教师主要根据其授课的环节进行一一阐述，从激趣导入到引导发现，从自主探究到学法运用，最后再到朗读与总结环节，教师都对其教学内容、教学方法以及教学目标作了详细的说明。

---

① 苏鸿. 高效课堂：备课、上课、说课、听课、评课 [M]. 上海：华东师范大学出版社，2013：93.

二、案例呈现

说教学程序[①]

（一）质疑导入，激发兴趣

“良好的开端是成功的一半。”心理学研究表明，学生如果对学习内容产生兴趣，就会产生愉快的情绪和强烈的求知欲，学习就会有事半功倍的效果。因此，在教学伊始，引导学生大胆质疑，对文中的“定论”提出自己的疑问，如“与现代桥相比赵州桥既不宽又不长，为什么作者却说它很宏伟”等很有研究价值的问题，激发学生的学习兴趣。

（二）引导发现，解决疑问“为什么说赵州桥雄伟”

为了引导学生站在历史的角度上来了解赵州桥，这里选择使用现代信息技术，让学生观察与赵州桥同时代的其他石拱桥，使其发现这些桥与赵州桥的差别，从而了解赵州桥的历史地位，理解它的雄伟。在学生理解的基础上，通过朗读引导学生领悟文章作者是怎样围绕“雄伟”这个特点把它写清楚的。此外还给学生介绍用数字来具体描写的方法。

（三）自主探究，解决疑问“为什么说它坚固”

在这个环节的处理上，通过上一个问题的铺垫，大胆放手，让学生在阅读中找到问题的答案。

（四）运用学法，自学第三段

任何能力的形成，都需要通过不断实践、反复训练。为使学生初步掌握抓重点词理解一段话的学习方法。根据教材特点，第三段教师大胆放手，让学生运用方法进行自学。

1. 学生自学第三段

（1）学生找出重点词——美观。（2）学生根据重点词提出问题，总结出示：赵州桥什么地方美观？怎样美观？（3）同桌讨论。

2. 在学生自学的基础上，教师抓住具体描写龙的句子，深入理解本段内容

（1）让学生找出具体描写龙的句子，标出写了几种龙。（2）投影出示三种龙，让学生通过观察直观感受图案的千姿百态，栩栩如生，并结合理解“缠绕、前爪、抵着、回首遥望”的意思。（3）理解“有的”与“所有的”的区别。

---

① 丁昌田. 核心素养导向的说课［M］. 天津：天津教育出版社，2018：55-57.

教师引导：老师觉得书上不止写了三种龙，还写了一种“游动的龙”，你们说呢？以此激发学生讨论辨析。（4）反复朗读，体会美感。通过指名读、自由读、齐读、分角色读等多种形式，人人参与，个个实践。在感情朗读中品味出龙“活”的感觉。（5）发现写法特点，实施迁移训练。教师引导：通过刚才的学习，具体写龙的这两句话是什么关系？（分、总）你能换成总分的写法来说吗？今天，我们学“桥”。如果老师要你们围绕“桥”这个词，用“有的……有的……有的……所有的……”句式说一段话，你行吗？这样的迁移训练设计，使学生学以致用，不仅加深对所学知识的理解，还促进学生思维能力、口语表达能力的发展，可谓有“一石二鸟”之效。

3. 学习过渡句

让学生找出把“坚固”和“美观”两个内容连接起来的句子，认识过渡句，讨论归纳出它“承上启下”的作用。

（五）感情朗读、学习第四段

通过前面的学习，学生对第四段的内容已心领神会，因此，采用“以读代讲”法，引导学生读出自豪、骄傲的感情。

（六）引向课外，总结深化

1. 除了赵州桥，你知道我国还有哪些闻名的古代建筑吗？

2. 我国有这么多闻名的古代建筑，你有什么想法？

总之，让学生在谈感情体会时，达到情动而辞发、润物细无声的境界，使其潜移默化地受到思想教育。

三、案例研讨

阅读上面的案例，谈一谈：这位教师在说教学程序这一环节时有什么特点？这样做的好处和可能存在的弊端是什么？

活动三 实作与反思

活动提示：请按照下列要求完成说课练习活动。

通过前面的学习，我们了解了说课的相关理论知识，厘清了说课的内容和相关要求。请按照下列步骤完成实作练习。

步骤 1：选择你最近撰写的一份教案文本，结合本节课所学的知识，用说课的形式呈现教案中“教学目标”的设计。

步骤 2：全班分为 5 人一组，各小组成员以自己设计的教案为蓝本，开展说课练习，并结合所学知识相互点评，提出有针对性的改进建议。

推荐资源

［1］曹爱卫. 小学语文说课指导［M］. 南昌：江西教育出版社，2022.

［2］牟金江，罗晓杰，周玲. 初中英语优质课例：新设计，新说课［M］. 上海：华东师范大学出版社，2019.

［3］丁昌田. 核心素养导向的说课［M］. 天津：天津教育出版社，2018.

任务二
评课

随着现代学校教育的发展和教育改革的不断深入，评课已成为现代学校教学研究活动的一个重要组成部分。有人把教师上课比作“画龙”，把评课比作“点睛”，这个比喻道出了评课的重要性。评课需要评价者运用成熟的教育理论对教师的课堂教学作出科学的价值判断。一节课往往因专业的评课而精彩，上课者因专业的评课而茅塞顿开，听课者因专业的评课而豁然开朗。[①]评课是教师评价体系的重要组成部分，是教师反思教育教学、进行教育研究的重要工具，也是学校教育教学改革良好的助推剂。

活动一　阅读与思考

活动提示：阅读以下材料，认识评课的意义，理解评课的主要内容、原则、方法和组织与实施。

一、评课的意义

评课是根据教育目的和教学评价标准，对一节课中教与学活动和效果进行的价值判断。[②]评课需要评价者运用教育理论和系统思维对教师的课堂教学作出科学的判断。从教育改革的发展趋势来看，评课与学校其他教育活动一样，有其独立存在的价值。其意义主要体现在三个方面。

（一）评课是加强和推进教育管理的重要方式

听评课活动是上级管理者在检查和督导学校教育工作时的重要方式，管理者可以从对教师课堂教学质量的评价来考量一所学校的教育教学水平。基于此，对学校的管理情况形成较为完整的评价，从而对其教育资源或管理措

① 余文森，黄国才，陈敬文，等. 有效备课·上课·听课·评课［M］. 福州：福建教育出版社，2008：306.

② 苏鸿. 高效课堂：备课、上课、说课、听课、评课［M］. 上海：华东师范大学出版社，2013：207.

施进行调配和管控。[①]

（二）评课是提升学校教育教学质量的重要手段

教学质量是学校赖以生存的生命线。教学活动是学校教育中最主要的活动，追求高质量的教学就必须打造高质量的教学活动。评课活动是对教育教学质量进行监控的重要抓手，通过评课活动能够诊断课堂教学的问题，研究改进对策，从而促进学校教学的可持续发展。

（三）评课是促进教师专业发展的助推器

通过评课活动，授课教师能够反思教学中的不足，参与评课活动的其他教师则能够在同行交流中更新教学理念、提高教学水平、增强自我管理意识。从这个意义上讲，评课可以成为学校层面上教师专业发展的助推器。

二、评课的主要内容

评课是一种评价活动。关于评课的内容维度，有的人习惯观察教师的教学行为，有的人习惯观察学生的学习表现，维度不一样，结果就会出现差异。评课的内容维度是多方面的，可以从八个方面对一堂课进行评析。

（一）评教学目标

教学目标是教学设计、实施与评价的重要标尺，因此，教学目标的设计与实施必然是评课重要的内容维度之一。课程标准倡导培养学生的核心素养，其实质是对三维目标的延伸和发展，在这样的背景下评价教学目标时，可以从以下五个方面来分析：（1）教学目标的定位是否准确，即要结合课程标准、教学内容和学情分析等要素分析评判授课教师教学目标的定位是否准确。（2）教学目标的表述是否规范，考查授课教师教学目标的表述是否明确、具体、符合规范，在具体设计和阐述过程中，授课教师可以参照核心素养背景下教学目标的表述模式。（3）教学目标是否注重整体性，即要考查授课教师的教学目标设计是否兼顾教学目标的不同维度，但这并不意味着每堂课都要达成教学目标的所有维度，具体到每堂课，授课教师可以根据不同的需要来确定究竟体现哪些维度的目标。（4）教学目标是否具有层次性，即考查授课教师如何在课堂教学层面上落实教学目标，包括教学内容、实施方式与教学目标之间的对应关系、总目标和分目标之间的层级和对应关系等。（5）教学目标是否关注差异性，即要考查授课教师在教学活动中是否照顾到学生的个

① 苏鸿. 高效课堂：备课、上课、说课、听课、评课［M］. 上海：华东师范大学出版社，2013：207.

体差异，对于不同水平的学生是否能够做到因材施教。

（二）评教材处理

评教师对教材的处理，就是看教师对教材的把握是否科学准确，具体可以从四个方面来考查：（1）教材的处理是否符合课程标准的要求，即考查教师是否准确找到课程标准、教材和学生之间的连接点，根据课程标准，依据社会、学校和学情对教学内容进行梳理和整合。（2）教材的处理是否以教学目标为依据，即考查教师对教学内容和教学方式的选择、教学重难点的处理是否能够实现教学目标。（3）教材的处理是否充分考虑学生学情，即考查教师能否针对不同的学情对教学内容作不同的设计和处理，最终让所有学生都有所收获。（4）教材的处理是否详略得当。即考查教师能否确定好教学的主线和副线，围绕主线编排知识内容和教学环节，做到详略得当，达到以点带面的效果。

（三）评教法学法

教学活动的复杂性决定了教学方法选择和运用的多样性，这也是考量教师教学水平的重要维度。具体可以从以下两个方面来评价教师的教法和学法的选择、应用：（1）教师教法的选择与运用是否恰当，即教师能否从教学目标、教学内容、教学对象、教学情境等要素的实际出发，创造性地设计出适合每节课的教法。（2）教师是否有学法指导的意识和表现。其中包括：第一，教师是否有渗透学法指导的意识，如教师是否会提供课前预习、课后复习的步骤和方法，是否会教学生如何记忆、如何做笔记、如何回答问题等；第二，教师是否将学法指导外显化，如教师是否会根据教学重难点或学情去规划学法的指导步骤，帮助学生建构学法体系；第三，教师指导学法是否适时、多样，如教师是否在上课前的引导、启发，在上课中示范、提示以及课后归纳概括等。

（四）评教学过程

教师的教学过程是教学的主体部分，是教师的教学活动和学生的学习活动相统一的过程，是师生双方为实现教学目标，围绕教学内容，相互沟通，共同参与合作，产生交互作用，以动态生成的方式推进教学活动的过程。一般来说，可以从两个方面对其进行评价：（1）教师的教学思路是否清晰、流畅。主要表现为：第一，教学思路的设计是否契合实际；第二，教学思路的设计是否层次分明；第三，教学思路的设计是否具有独创性。（2）教师的课堂结构安排是否合理。课堂结构是指教师对教学各个环节的安排，包括各个环节之间的顺序、联系和时间分配等。一节好课的课堂结构一般会具有三个特点：第一，环节与环节之间过渡自然，环环相扣；第二，教学各环节的时间分配合理；第三，教学活动的密度适中，教学效益高。

（五）评学生参与度

学生的学习不是一个被动的、单一的接受过程，而是一个主动内化的过程。在评价课堂教学时，不仅要看教师教的情况如何，更要看学生学的情况如何。学生参与度可以从三个方面进行评价：（1）学生的参与面是否广泛。教师能否考虑到各个层次的学生，让所有学生都有机会参与教学活动。（2）学生的参与方式是否多样。学生参与课堂教学的方式是多种多样的，如生生交流、师生交流、小组合作、集体探讨、辩论、演示等。教师要根据教学目标和学情为学生提供合适的参与方式。（3）学生的参与质量是否良好。怎样判断课堂中学生参与活动的质量是否良好，可以从学生参与的积极性、注意力集中程度、是否敢于提出问题或发表意见等方面进行考查。

（六）评教学实效性

评价一堂课，既要分析教学过程、教学内容以及教学方法等方面，又要分析教学效果，即教学实效性。一般来说，可以从三个方面审视教学实效性：（1）教学目标是否达成。评课者在评价时，要注意观察教学各个环节是否是围绕教学目标进行的；教学方法和手段是否为实现教学目标服务；教学重难点是否得到了解决等。（2）预设与生成关系的处理是否妥当。教学活动具有复杂性，它是预设与生成的统一体。在评课时，评课者既要考查教师是否在课前作了充分的预设，又要观察教师是否能够随机应变，发挥自己的教育机智。（3）学生是否有所收获。主要是观察不同程度的学生是否在原有基础上都有所进步。

（七）评教师素养

教师素养包括品德素养、心理素养和专业素养，这三个方面相互联系、相互影响，共同在教学活动中对学生产生影响。评价教师素养的要点在于：（1）教师的品德素养。评课者要看教师是否创设尊师爱生、互敬互重的教学氛围，是否注意采取积极的态度去肯定学生，增强学生的自信心。（2）教师的心理素养。事实上，评课者难以通过一堂课就对教师的品德素养和心理素养有所评判，只能通过其语言、态度、学识等间接感知。例如，教师能调控自己的情绪，保持耐心、信心和平常心，既不要因心情愉快就“大赦天下”，又不要因心情沮丧而迁怒旁人。（3）教师的专业素养。教师的专业素养主要表现在两个方面：一是教师的知识储备。评课者可以根据教师教学流畅性、问题的回答、突发状况的解决以及教学调控能力等方面来评价教师的知识储备。二是教师的教学能力。教师的教学能力包含多个方面的内容，如教学组织能力、调控能力、应变能力、创新能力、反思能力等，是教师专业素养最直接的体现。

（八）评信息技术的综合运用

信息技术以图文并茂、声像俱佳、动静皆宜的表现形式，将抽象而又乏味的知识变得直观、形象，使学生的多种感官受到强烈的刺激，从而能够激发学生的学习兴趣，提高学习与思考的主动性与积极性。因此，对教师运用信息技术的能力和效果的评价也是课堂评价的一个重要方面。对教师信息技术的综合运用效果的点评可以从三个方面进行：（1）多媒体的选择是否恰当。要看教师能否选择恰当的多媒体，是否适时、适当地发挥各种媒体的长处，为教学所用。（2）多媒体的使用是否合理。首先，媒体的设计要适度。画面的设计与展示要自然恰当，防止过分复杂新奇，分散学生的注意力。其次，媒体的使用要适量。虽然它可以节省课堂上绘图或板书的时间，加快学生的感知进程，但是若课堂容量过大，学生接收的信息过多，就会难以消化。（3）多媒体使用是否突出学科特点。多媒体教学是否注意学科的特点和教学内容的要求，是否做到与教学内容紧密结合。

三、评课的原则

作为一种以课为载体的价值判断活动，评课时需要遵循一定的原则，运用恰当的方法，才能取得好的效果。

“原则”一词可以解释为说话或行事所依据的法则或标准。我们在评课时，需要遵循六条原则。

（一）实事求是原则

评课者要以授课的真实情况为依据，不带偏见、客观中肯地评价授课教师的教学情况。对于授课教师的优势、创新之处要深入剖析，帮助授课教师总结教学优势的过程表现、脉络结构以及教育效果；对其不足之处也要指出具体原因，并帮助授课教师寻找解决办法。

（二）激励性原则

评课者既要抓住授课教师身上的闪光之处，肯定其成功表现，从而激发授课教师继续努力钻研教学；同时，评课者又应该本着相互帮助、共同提高的宗旨，主动为授课教师提供教学的参考资料和各种信息资源。

（三）差异性原则

不同的学科和课型要采用不同的评价标准，面对不同学段的教师时，教学评价的侧重点也是有所差异的。

（四）兼顾整体原则

评课者在对授课内容作出评价时，要将教学目标和整个教学过程进行对照，对全局有整体性认识，并在此基础上，对教学中的某一部分作出整体与局部的关联性评价。

（五）导向性原则

评课者要确立发展性教师评价思想，要培养面向未来的“园丁”，以调动教师的积极性为宗旨。针对常规的检查性评课活动，就要以常规性的评价标准来评价；针对研究性评课活动，就要以课题研究的导向目标来开展评课活动。

（六）多元化原则

遵循内容多维化、视角多层化、主体多元化、方式多样化的原则，充分发挥评课对参与共同体的促进作用。

四、评课的方法

我们应该采用什么方法来评价一堂课呢？从评课内容范围的角度可以分为综合评价法和专题式评价法，从评课技巧和方式的角度可以分为评点结合法和表格评价法。

（一）综合评价法

综合评价法是指以课堂教学的整体结构为视野，对教学目标、教材处理、教学方法、教学过程等教学基本要素进行整体、全面的评价。这种评价方法有助于全面、系统且深入地评析教学，既能兼顾授课教师的优缺点，又能为其他听课者提供比较全面的学习借鉴。但是这种方法，由于评价的内容维度较多，对评课者的专业水平要求比较高。

（二）专题式评价法

综合评价法是对教学全过程进行分析，而专题式评价法不追求面面俱到，强调对单项内容进行纵深化的分析。评价者选取一个角度或者某个专题切入从而进行评课。这种评课方法具有较强的针对性，主题突出、省时高效，比较适用于研讨型、观摩型评课。评课者可以选取教学过程的某一环节进行评价，也可对学生的学习表现和教师教学理念、教学方法、教学辅助手段运用或者课堂氛围营造等方面进行评析。

（三）评点结合法

评点结合法是指对授课教师的授课过程及时作出分析和评价，是一种对现场行为主体的评点，是对教学活动过程的分解式讲解，具有及时性、针对性，这种方法比较适合用于新手教师培训。评点结合法可分为点评、段评和总评。点评是指对教学过程中教师或学生的具体行为或语言进行评价。口头点评时，可以适当回顾“教学前情”，结合观点进行评析；书面评价时，则是对授课教师的具体话语和行为进行批注。段评是指在某一教学环节或者教学片段结束后评课者作出点评；总评是指在一节课结束后评课者进行评价。

（四）表格评价法

这种评课方法一般是在上课之前，评课组会根据上课的课型和评价标准编制好相应的评价表格或者评价细则。评课者在听课过程中，根据授课教师的表现进行打分或评级。这种评课方法多用于竞赛评比型评课，具有直观、简洁和易于操作的特点，但是对于某些教学的独到之处难以充分关注。

使用表格评价法的关键在于要设计好评课表，尤其是其中评课的标准和要求，包括评价细则、权重、得分、备注等栏目，这部分内容是对评价内容的细化，评课者可以根据教师的表现进行评析。

五、评课的组织与实施

评课活动是一种集体行为，教师仅站在个人的角度去反思自己的教学是远远不够的，需要与他人进行对照比较，需要他人的指点和帮助，这样才能真正提高自身的教学水平。为了更好地发挥评课的作用，在组织评课活动时，要注意三个方面。

（一）合理安排听评课活动

许多学校每年都会组织大量的听评课活动，其目的在于促进教师专业发展，提高学校教学质量。但是，由于活动频繁、工作量大，无形中给教师增加了更多的教学负担，于是，就会出现评课活动流于表面、活动质量低下，教师疲于应付，更谈不上通过这些活动来促进反思和进步了。所以，学校在组织这些活动前，首先要让教师认识到评课活动的重要性；其次，要倾听教师内心的想法，根据教师的需求组织评课活动；还可以设立相应的激励机制，提高教师的参与性。最后，学校在组织评课活动时要根据不同课型、不同主题设计不同的程序和内容，使听评课活动能够真正发挥其应有的作用。

（二）营造民主共享的评课氛围

评课活动本质上是授课教师与评课者之间的交流活动。在评课活动中，既要尊重授课教师的地位，倾听授课教师的声音，避免只接受专家的意见，又要避免“你好，我好，大家好”的“好好先生”课堂。一方面，授课教师要清楚明了地呈现自己的教学设计与授课效果；另一方面，评课者要客观中肯地评价授课教师的教学，成绩说够，缺点说透，必要时，还可为授课教师提供思想、资料或信息资源的帮助，进而实现互相促进、共同发展的目的。

（三）掌握评课活动开展的技术要点

评课活动并不是直接让教师听课、评课就算完成，还要关注到以下三个要点：（1）评课反馈要及时。评课活动的结果或反馈尽量在24小时内给出，及时的反馈更能促进授课教师的反思。（2）评课标准设计要合理。评课标准应该根据主题和课型提前制订好，便于评课者根据标准来观察和评价授课教师的教学。（3）教师培训要到位。教师听课、评课能力也是需要在平时的教研活动中逐步得到锻炼与提高的，只有这样在正式评课时，教师才能知道该观察什么、评价什么。

活动二　案例与评析

活动提示：阅读以下材料，完成案例评析活动。

一、案例简介

评课既不要就事论事地谈现象、谈细枝末节的问题，又不要脱离实践谈理论，评课教师要善于分析，从现象看本质规律，为授课教师的课堂教学导向指航。[①] 那么究竟该如何评课？从哪些方面评课呢？本案例选择《中学语文教学参考》2021年第5期中刘小云老师对肖培东老师所执教的《伟大的悲剧》的评价作为示范。刘小云老师从教学目标、教材处理、教法学法、学生参与以及教师教学过程等角度入手，针对教学的整体流程与部分环节，以总分总的形式论述。由于篇幅限制，本案例在呈现上对原文进行了一定的修改。

① 方贤忠. 教师专业发展的4项基本技能：备课、说课、观课、评课［M］. 上海：华东师范大学出版社，2013：128.

二、案例呈现

对肖培东老师所执教的《伟大的悲剧》的评价①

《伟大的悲剧》是一篇教读课文。教读课文旨在通过“这一篇”的教读来指导学生开展“这一单元”“这一类文”的学习，教会学生阅读策略和阅读方法，培养学生自主学习的能力。肖培东老师执教的《伟大的悲剧》一课给我们作了一个很好的示范。

（一）聚焦教学目标，融通教材内容

为对接课程标准要求，肖培东老师在执教《伟大的悲剧》过程中，教学设计聚焦教学目标、课程目标、教材目标、单元目标、课文目标以及学生语文核心素养。为实现这些目标，肖老师立足教材资源，借助自助系统，巧妙搭建教学支架，恰当处理好“教什么”和“怎么教”的问题，教学目标明晰，教学内容突出，教学方法得当。

（二）用心关注学生，精于艺术引导

肖老师的课堂始终紧贴学生，他耐心地指导学生反复朗读，带领学生咀嚼语言，鼓励学生进一步思考，引导学生适时“瞻前顾后”并及时回应学生的回答。纵观肖老师的课堂，学生参与度很高，站起来回答问题的学生接近 30 名，每名学生的回答几乎都有肖老师的进一步追问：或概述更精练一点，或回答问题声音更洪亮一点，或读得有感情一点，或补充完整一点，或思考更近一点。每一句及时的评价都给学生被看见、被在乎的真实体验。学生的情感不仅在文本的伟大精神中得到熏陶，更在与肖老师的对话中得以升华。

（三）巧设问题链条，激发创新思维

纵观整个课堂，教学的主问题形成了问题链条，教材内容、文本内容、主旨情感、文体特征、听说读写自然地通过“问题链条”融为一体。肖老师执教的《伟大的悲剧》一课中有五个主问题，五个主问题环环相扣，过渡自然，重点突出。肖老师抓住“积累拓展”中一封绝密信里的一个细节，提出“斯科特生前有一个美好的愿望，他自己不能实现，我们可以帮他实现”的精彩话题，激活了课堂，碰撞了思维，艺术地将学生引入文本。

---

① 刘小云. 就该这样“浅浅”地教语文：以肖培东执教《伟大的悲剧》来谈［J］. 中学语文教学参考，2021（5）：16−17.

三、案例研讨

结合所学知识，讨论以下问题：

（1）这位教师对课例的点评涉及哪些评课的内容维度？

（2）在评课内容的选择、语言组织与表达的过程中有哪些技巧？

（3）如果让你来点评这节课，你会如何点评？

活动三 实作与反思

活动提示：按照下列要求完成评课练习活动。

通过前面的学习，我们了解了评课的相关理论知识，理解了评课的内容维度和相关要求。请按照下列步骤完成实作练习。

步骤 1：回顾你在上的这节课教师的教学过程，思考并讨论教师教学过程中的亮点和不足分别是什么？

步骤 2：全班分为 5 人一组，每组选择一个视角或内容维度展开讨论，并对这节课进行点评，完成评课记录。

推荐资源

［1］王小庆. 评课到底评什么：王小庆评析名师课堂［M］. 武汉：长江文艺出版社，2022.

［2］高宏. 核心素养导向的观课议课［M］. 天津：天津教育出版社，2018.

［3］程红兵. 听程红兵老师说课评课［M］. 武汉：长江文艺出版社，2017.

任务三 课例研究

随着世界课例研究协会的成立，课例研究因其在改进教师课堂教学方面的卓越效能备受世界各国瞩目。“简单地说，课例无非就是‘以课为例讲道理’，以课为例——选择一节教学内容作为载体，讲道理——围绕一个研究问题开展教学改进活动并获得理性认识。它以具体鲜活的课堂教学为载体，在研究教学改进的过程中收获理性体验和教育观念。”① 课例研究以行动研究为方法论，将教育理论与实践联系起来，是教师进行教学反思和教育研究的重要形式，是促进课堂教学变革的强大工具。

活动一 阅读与思考

活动提示：阅读下列内容，理解课例研究的内涵、特点、意义和取向，尝试撰写一篇高质量的课例研究报告。

一、课例研究的内涵

课例研究，对教师来说是“熟悉的陌生人”。课例研究听上去简单，和传统的听评课活动相似，操作起来也容易，和平常的教研活动差不多。但是，这个“熟悉的陌生人”对于教师的意义却超出了传统的日常教师专业发展活动。

课例是以课堂教学的学科内容为载体，对教学问题和教学处理的再现和描述，讲述“教学背后的故事”。之所以称为“教学背后的故事”，是因为课例体现的是“教师为何这样进行教学”，将教师的教学思路显性化。课例是一个实际的教学例子，能体现教师的教学设计与教学实施的思路。②简而言之，课例是将一堂课的教与学以文本性材料形式呈现的案例。

课例研究是指教师系统地合作研究课堂中教与学的行为，从而改善教师

① 李笑非. 课例研究：从规范走向常态［M］. 上海：华东师范大学出版社，2018：2.

② 吴伦敦，苌虹. 中小学教师如何做课例研究［M］. 北京：科学出版社，2016：1.

的教学经验和学生的学习经验的综合过程。[①] 由教师组成的教学研究共同体在一定的教育理论指引下，围绕教学实践过程中遇到的某一亟须解决的问题，在课堂教学过程中反复研究，提炼经验，改善教学，最终促进学生有效的学习。[②] 值得注意的是，课例研究并不是教学诊断型的研究，而是基于设计的研究。也就是说，教师要有根据地设计某个教学过程并在实施这一过程的情境中对情境进行测试和修正。

二、课例研究的特点

基于课例研究的内涵，课例研究的特点包括四点：（1）基于专题。课例研究的主题是明确的，课例研究是立足于确定的专题进行研究的活动，专题性十分突出。（2）持续研究。课例研究要紧扣出现的问题进行跟踪研究，具有持续性，研究过程始终处于未完成的状态，后续的研究还可以不断丰富和发展已有的观点和结论。（3）见证效果。实效性是实践研究本身的要求，课例研究要随着研究问题的解决达到改进教学的效果。（4）形成成果。课例研究要梳理研究过程，提炼结论与观点，最终形成研究报告。研究成果的推广是在实效性的前提下扩大成果影响和应用价值的后续要求。

三、课例研究的意义

作为广大中小学积极推行的一种研究方法，课例研究的直接目的虽然是改进教学，但其实际的价值与意义远远不止于此。从某种意义上说，课例研究在实践中不断改变着教师、学生乃至专业研究人员，甚至是整个学校的面貌。

（一）使教学研究回归真实的教学生活

传统的教学研究中理论思辨或推演是教学研究人员的主要研究方式。课例研究提倡研究者深入“现场”，认识到课堂不仅是认知活动的实践地，更是政治、文化、社会以及伦理等相互交汇和碰撞的场域。教学研究人员的职责不仅是着眼于理论思辨，而是要通过和教师的合作开展教学的社会学研究、文化人类学研究等，共同建构对教学的理解。这种方式有助于引导教学研究回归真实的教学生活，从根本上改变教学研究人员的研究方式。

（二）恢复教师的专业自主权

在传统的教研活动中，理论研究者是教研的主体，而教师只是其教学理

---

① TRIWARANYU C. Models and strategies for initial implementation of lesson study in schools [J]. International forum of teaching and studies，2007（3）：48-61，79.

② 杨玉东. 教师如何做课例研究 [J]. 教育发展研究，2008（8）：72-75，82.

念的忠实执行者，两者长期处于一种不平衡的局面，这在很大程度上剥夺了教师专业研究的权利，限制教师成长的空间。而课例研究鼓励教师在自己的实践中进行研究，为恢复教师的专业自主权开辟道路，成为教师专业发展的起点。对教师专业自主权的恢复同时也是对教师从事教学研究信心的恢复，课例研究在很大程度上引导教师走向了一条自律而又专业的发展道路。

（三）促进学校实现可持续发展

课例研究在促进学校可持续发展上也有重大意义，这主要体现在三个方面。第一，有助于促进学校教学质量的提升。课例研究是以改进课堂教学为目的，因此，有效的课例研究能直接带来学校整体教学质量的提升。第二，丰富学校的课程资源。学校如果能有意识地将教师的优秀课例及其相关成果收集、分类、整理编目建成课例库，那么这些课例必将成为重要的课程资源。第三，促进学校教研活动的专业化发展。教师借助课例研究的方式，不断反思和加工以往的课堂活动，将常规的、停留在行政化、浅层化的教研活动引入规范化、专业化的道路，有利于推动教研活动的专业化。

四、课例研究的取向

在新时代核心素养和课程改革的背景下，课例研究如何突破传统研究桎梏，真正发挥其对教师专业发展的作用与价值，就需要明确其研究取向。新时代课例研究的取向主要表现为四个方面。

（一）从理论的实践转向实践中的理论

课例研究是理论的实践化还是实践中的理论，其话语方式是不一样的。理论的实践化是基于理论高于实践的观念，在教学上表现为理论和实践截然分开，由理论者为实践者设计研究方案、提出问题、作出诊断、提供解决办法，而教师只是被动的执行者。在课例研究中，教师的研讨话语不应是理论术语的堆砌，而是采用贴近实际的话语来表达所思所感。在研讨过程中，把各个理论作为观察教学的多样视点，通过采用“折中的艺术”，超越理论之间的框架，综合运用于实际问题的解决。在此过程中，理论虽然不能作为直接指导，但却可以为研究提供启发性的思考。也只有以广泛的理论知识为基础的“实践话语”才能确保教师作出恰当的实践决策。因此，参与课例研究的教师需要在教学实践中学会发现研究问题，在教育理论指导下形成解决办法，探索解决路径，提炼研究成果，促进实践中教育理论的诞生。

（二）从教的研究转向学的研究

课例研究的重心是教师的教还是学生的学？在研讨教学时，研讨者总是习惯于把关注点都放在教师的行为和语言上，更加关注教师是“怎样教”的。实际上，教学的最终目的是指向学生的学习与发展，对教师教学的评价必须从学生学情出发加以考查。佐藤学在谈到校内教研活动的原则时强调：“比起教师的提问、教材注解的研究来，更应该围绕学生学习的具体情况和教师的应对来进行讨论。比如对于学生上课时的窃窃私语或困惑，教师是否能够领会；教师有没有给予恰当的帮助等。”① 课例研究只有以“学生的学”为中心，才能关注学生视角下的研究起点，最终形成为了学生学习、促进学生学习的研究成果。

（三）从规范性探究转向阐释性探究

课例研究是对教学的规范性探究还是阐释性探究？是探求教师“应该怎样”还是追问教师“为何这样”？在传统的教学研究中一直认为课堂是一个可控的物理世界，教学只是一个机械的认识过程，教学研究者执着于寻找教学的统一规律，以便运用到教学的各个领域。这样的教学研究脱离了具体的课堂，只着眼于宏大的教学理论的构筑，造成教学与研究相分离，使教师与教学研究者相对立。而在阐释性教学研究的课堂中，课堂不是封闭孤立的，而是与社会、文化息息相关的，是一个复杂的、充满矛盾的人类生活世界，其中发生的教学更是承载着社会和文化生活的意义。因此，研究者要深入课堂，与教师和学生接触，从教学背景和环境出发对教学活动作出诠释，这样才能还原课堂本来的面貌。

（四）从单一性研究团队转向多质性研究团队

传统的教研活动往往是学校内部主持的，参加者也是学校的教师和教研人员，这就导致了研究团队的同质性。而课例研究提倡“异质性”，异质性可以带来对课堂的多维度、多层面的诠释，从而引发多重深刻的反思。课例研究应该追求异质性的团队，既要有校内的教师，又要有校外的、不同立场的成员，如家长、教育专家等。除此之外，还可以吸纳社会学研究者、哲学研究者及教学相关人员等，这样可以从不同的角度打开研究视野，为研究提供启发和思路。

五、课例研究的实施步骤

不同国家和地区的课例研究路径是不同的，但作为教师专业发展路径的、具有行动性质的规范性研究，一般包括选取主题、设计教案初稿、教学与观

---

① 佐藤学. 静悄悄的革命：创造活动、合作、反思的综合学习课程［M］. 李季湄，译. 长春：长春出版社，2003：69.

课、集体反思、总结与分享等环节。[①] 下面将以确立研究主题、合作设计教案、课堂观察、课后研讨和撰写课例研究报告等课例研究中的关键环节为节点，描述课例研究的实施步骤。

（一）确立研究主题

传统的教研活动大多是“就课论课”，其研讨主题不明确，甚至较为泛化。而课例研究一般要经过“疑问—规划—行动—观察—反思”的循环。在此过程中，“疑问”是教师在教学过程中共同面临的困惑或难题。因此，确立明确的研究主题是课例研究的起点。

1. 主题的特征

课例研究所选择的主题应该具有以下四个典型特征：

（1）现实性

课例研究是以教师真实的课堂教学过程作为研究对象，专注于解决教学实践中的问题，其研究主题来源于实践，是教师在具体教学场景中的切身体会和教师在教学中与同伴对于疑难问题的探讨。

（2）反思性

教师发现的研究主题是否切实可行还取决于教师教学反思能力。当教师处于困惑、怀疑等状态时，正是教师自我反思的表现，这也恰恰是教学研究的开端。

（3）可操作性

课例研究主题的选取必须紧密结合教学实际，选取具备较强操作性、符合研究条件的问题，因此，课例研究中提倡进行“小题大做”。

（4）答案开放性

课例研究是通过对课堂教学问题的反思和研究来总结教学经验，促进教学发展，而不是运用某种现成的技术或理论直接改进教学，因此课例研究更多的是归纳思维而不是演绎思维。由于教学的复杂性，研究问题的解决方案往往没有明确、唯一的答案，可能存在多种解释和解决方案。

2. 主题的确定过程

（1）收集和分析文献资料

在课例研究过程中，教师要有意识地将理论学习融入确立研究主题的过程。虽然课例研究侧重解决教学中的实际问题，但是没有教学理论提供思考的框架，课例研究只能局限于经验总结的层面，不能将实践经验上升到理论高度。收集和分析文献资料有助于教师明晰该领域已有的研究成果，从而在此基础上对核心概念进行界定，确定研究的重难点，为后续的研究奠定理论

① 李子建，丁道勇. 课例研究及其对我国校本教研的启发［J］. 全球教育展望，2009（4）：29-34，39.

基础。

（2）对核心概念进行界定

在梳理文献的基础上，教师可以对所研究的问题进行概念界定。概念界定既有助于明确研究范围，使教师有明确的研究方向，又有助于研究落到实处、取得成效，避免因概念混乱导致研究内容泛化或窄化，便于后期研究过程的顺利展开。教师进行概念界定时，最好能对概念进行操作性描述，这样后面的展开过程将会更加清晰。

（3）提出基于问题的假设

在明确核心概念后，教师应该研讨解决问题的初步假设。初步假设能够为教师提供清晰的解决问题的思路，如从哪个视角去分析教学，如何分析和说明课例的相关资料等，假设越清晰，研究成效就越高。没有假设的课例研究，容易导致目标含混不清，过程无所依据，其研究结论也是不完整的。因此，提出明确的基于问题的假设是课例研究主题确立中不可或缺的环节。

（4）研究主题的系列化

作为微观层面的教学研究方式，课例研究每次所解决的都是教学实践中的具体课题，但这并不意味着放弃对系列化的追求。相反，为了更好地促进校本教研的发展，课例研究必须实现研究主题的系列化。校本教研中形成的实践性知识是教师个体与群体之间的教学知识的共享和转化的结果。一方面，通过对课例研究结果的梳理和概括，形成有效的实践教学理论，有利于提升教师教学水平；另一方面，教研主题的系列化有助于扩大教师教学知识的共享范围，促进教师合作共同体的构建与形成。因此，学校在进行课例研究时，最好能够实现研究主题的系列化。

（二）合作设计教案

在课例研究中，教案是开展研究过程的支撑。教案规划课堂活动的蓝图，能提示观察者在课堂上应该看什么、选择什么观察方式，也是评课者评价课堂的依据，甚至有学者将其视为课例研究的基石。研究显示，合作设计的教案更有利于后期课例研究的深入推进。

1. 开展合作的教案设计

合作设计教案相当于传统的集体备课。教师集体备课是以教研组为单位，开展集体研读课程标准、教材、分析学情、制订教学计划、分解备课任务、审定备课提纲、反馈教学实践信息等系列活动。[①] 在课例研究中，教师要相互合作、共同探讨教学设计，教师从自己的角度交流以往的教学经验，包括教学存在的困难以及学生的表现、当前班级学生的基本情况、可利用的教学

① 吴伦敦，苌虹. 中小学教师如何做课例研究［M］. 北京：科学出版社，2016：69.

资源以及自己的教学设想等。合作设计教案的方式实现了教师间的优势互补和资源共享，可以让每一位参与者都有所收获，但这并不意味着教师要全盘吸收，而是要根据自己班上学生的特点、自己的教学风格等调整教学思路，撰写教学方案。

2. 开展实证性的学情分析

合作设计教案的关键点在于分析学情。在课例研究中，教师要真实了解学生学情，而不是只停留于表面。一般来说，教师可以通过对学生的学习情况进行前后测设计、抽取部分学生进行访谈、大数据分析等多种方式来收集学情信息。教师对学情分析得越具体，就越有利于教师进行教学设计和因材施教。

3. 关注课后对教案的二次设计

由于课例研究是一个规划、行动与改进的循环过程，教案设计并不会随着一堂课的结束而结束。基于观察的结果和课后的研讨将成为教案二次设计的重要依据。教师要总结课堂教学经验、研讨意见等，从而改进自己的教案设计，反思自己的教案中是否有同样的问题，该如何避免、修正等。实际上，教案设计贯穿课例研究的始终，教师要根据不同的学情、环境，对教案作出适当的调整，课堂也正是在这样的过程中不断进步的。

（三）课堂观察

课堂观察是指研究者在明确研究目的的基础上，凭借自身感官（如眼、耳等）及相关的辅助工具（如录音、录像设备等）对课堂行为进行观察、记录和分析，直接或间接地从课堂情境中收集资料，并依据资料进行相应研究的一种教育科学研究方法。在课例研究中，课堂观察是中心环节，能提供反映教学效果的证据，同时，观察内容的选择、观察工具的研制都会直接影响最后的研究结果，该环节所提供的反映教学效果的证据，是对教学进行反思和重新规划的基础。因此，教师有必要厘清观察内容，确定观察重点，根据教学实际研制相应的观察工具和评价体系。

在传统的课堂观察活动中，教师的观察工具往往是一支笔和一本观察笔记，不知道该听什么、记录什么，只是对教学流程或问题进行简单的记录，课后也仅是三言两语就概括了整堂课的优缺点。这种观察方式容易流于表面，对于教学改进的指导意义有限。基于此种情况，课例研究需要确定课堂观察的重点，同时借助课堂观察的工具实现对观察结果的客观记录。综合我国和其他国家课例研究经验，有四种观察工具可供借鉴。

1. 教案观察表

教案或许是最直接的课堂观察工具，只要对照教师的教案，就可以清楚地知道教师的教学预设与实践之间的差异。如在日本的课例研究中，观课教师通常会带一份在合作设计中达成共识的教案观察表（见表 5−1），以便在观课中参考。

表 5-1 《小蝌蚪找妈妈》教案观察表[①]

教学活动设计	预期行为		非预期行为		提升空间
	学生的反应	教师的应对	学生的反应	教师的应对	
刚才我们用“先”“再”“接着”“最后”这些词语描绘了小蝌蚪的变化过程。大家还有什么问题吗?	我观察到它的颜色变了，由黑色变成了绿色，它身上还长出了条纹	积极地鼓励学生表达自己的观点。强调先长出后腿、再长出前腿、接着尾巴变短等是小蝌蚪成长过程中的明显变化或主要变化，其他变化也是存在的	小蝌蚪为什么先长出后腿?	这是由它的生长规律决定的	启发学生可以通过养蝌蚪观察一下

教案观察表中学生的非预期反应和教师的非预期应对是观课教师重点记录的内容，“提升空间”则是对非预期行为的分析以及提出的教学改进建议。

显然这种类型的观察表可以使观察者的重心不再集中于教师的教，教学研讨的重点将集中于学生的学和教师的应对，这种观察重心的转移不仅有助于丰富研究者对儿童的认识，还有助于研究者关注教师的教育机智。

2. 观察量表

课例研究前，教师会针对研究主题研制合理的量表作为课堂观察的记录工具，而后在研讨中依据观察量表中的“数据”对课堂教学进行深入分析，以提高课例研究的证据意识。观课教师在确定好“观察点”后，就可以结合自身的实践经验，独立或合作开发相应的观察量表（见表 5-2），并以此为工具开展对教师和学生的观察。

表 5-2 教师教学技能观察量表[②]

观察视角	教师教学技能		
观察维度	观察点	课堂记录	观察结果分析
教学设计	对教材的理解与处理方法		
	课程资源的加工与整合		
教学方法	教法的选择与设计		
	学习方法指导设计		
教学问题	问题设计的科学性与思维度		
	问题处理的方法与技巧		

① 安桂清. 课例研究［M］. 上海：华东师范大学出版社，2018：123.

② 王文涛. 略论课堂教学观察、诊断与评价的具体方法［J］. 基础教育课程，2008（8）：44-48.

续表

观察视角	教师教学技能		
观察维度	观察点	课堂记录	观察结果分析
教学基本功	生产问题的处理艺术		
	语言艺术及教态		
	板书基本功		
	现代化教学手段的运用		
	应变及调控课堂的能力		
教学个性	教学个性特点		
	教学风格		

但需要注意的是，并不存在适用于所有情境的观察量表。这是因为每一位教师在观察课堂时，所关心的教学问题是不同的，评价的标准和维度也会存在差异。因此，教师在借鉴这些量表的基础上，应根据自身的研究问题对其进行修正和完善。同时，在对观察量表的统计结果进行解释时，要对其所呈现出来的“数据”进行纵向分析，从而明确这些数据产生的背景和条件，从而得出客观而理性的结论。

3. 座位表

座位表也是课例研究中的一种重要的观察工具。观课教师在观课前，可以向任课教师索要学生座位表，以便在观察过程中利用座位表记录不同学生的学习情况。座位表在应用中有许多变式：有的教师在座位表上记录一节课学生的反应及其在作业本中表达的想法、观点等；有的则在座位表中预设学生可能采用的解题方法或对事物的观点，并标注持不同观点的学生与教师进行互动的方式；有时座位表会同复线型教案相结合，如中间放教案，两边放座位表，这样可以更为详细地呈现每一位学生的课堂反应及教师对其反应的应对。座位表不仅可以反映学生个体的状况和学习课题，还可将整个班级学生之间在经验和认识上的联系、冲突以及互动学习的方式一目了然地展现在任课教师和观课教师的眼前，为课例研究中的群体反思提供具体真实的素材。

4. 观察者自身作为观察工具

观察者自身作为观察工具，是指通过观察者的语言记录揭示所探究的现象。这种观察方式没有清晰的结构，只是用语言对观察到的时间和行为加以详细描述。观察者的描述有助于生动展现教学情境，为教师扩大思考空间。对于课例研究而言，只有结构化的课堂观察与非结构化的课堂观察相结合，才能最大程度地发挥课堂观察的作用。

（四）课后研讨

课后研讨是课例研究小组基于观察的结果从不同的角度分析课堂教学的得失利弊，从而揭示教学改进的可能方向的过程。课后研讨水平直接影响后续教学改进的质量。

1. 课后研讨活动的基本程序

（1）汇总观察结果

课后研讨的深刻与否主要取决于是否对课堂信息有充分的了解，课堂观察者就承担着提供这种课堂信息的重任。在课例研究中，为了尽可能多的收集信息，观察者往往有不同的角色分工。例如，日本的课例研究把课堂观察者分为速记者、总体观察者、抽样生观察者以及摄像者等。速记者负责完整记录师生对话；总体观察者负责观察课堂教学氛围和学生的整体参与情况；抽样生观察者会以个别学生作为观察对象，收集他们在课堂上的相关信息；摄像者则主要负责把整堂课录制下来。课后，不同角色的观察者对观察信息进行汇总，从而争取能全面反映课堂教学实况，为后续的课例分析提供充足的依据。有时为了信息的准确，也可能让不同观察者观察同一个点，在这种情况下，不同观察者在课后更需要确认其观察到的信息是否一致，以便向执教者提供客观统一的观察结果。

（2）执教者发言

执教者发言不是随机发表想法或感悟，而是要向听评课者传达三个层面的信息：第一，教学构思，清楚地说明教学设计的依据和缘由、教学思路和教学环节的安排等内容；第二，说明实践中的调试，对教学过程中作出变更的地方进行解释；第三，阐述实践后的反思，执教者谈谈自己的教学感受，阐述自己在实践过程中遇到的问题或思考等。对一堂课进行评价，不能仅依据评价的标准进行评级打分，还要在兼顾执教者的立场上，作出客观中肯的评价。

（3）听课者研讨

在执教者发言的基础上，听评课者针对研究主题，依据自己的教学经验和观察角度对教师的执教过程进行讨论，依据课堂观察的证据指出问题或不足并提出自己的见解。课后研讨的目的在于让不同的意见和看法相互交流和碰撞，为改进教学提供建议，使所有参与研讨的教师都能有所收获。

（4）形成改进建议

群体研讨后，参与研讨的教师还需要协商确定本节课的具体改进方案。通常第一轮课后所修订的教学方案会在另一个班级再次实施，但由于教学对象、教学环境等的变化，其改进之处并不一定完全适用，这需要观察者在群体研讨之后继续思考自己的教育教学经验对另外一个班级的适切性，同时执教者也需要研究另外一个班级的基本情况，并对课堂教学的改进方案作出取舍。课例研究不是随着研讨活动的结束而结束，只有教师在教学实践中不断检验和修正，才能诞生更好的教学策略和方法，实现改进教学，促进学生学习的目的。

2. 听课者研讨的基本原则

（1）关注对问题的研究而非课堂评价

课例研究是围绕某个研究主题而进行的，课后研讨也应该以解决问题为宗旨，而不是利用一套既定的标准去对教师的教学“评头论足”。专注于问题解决的课后研讨，既能让执教者和听评课者之间坦诚交流，又能改善评论泛化、缺乏针对性的情况，使问题的研讨和解决以观察记录为基础，有具体明确的证据作支撑。

（2）关注学生的学习而非教师的教学风格

课例研究应该始终以学生的学为中心，这是区别于其他教学研究的根本标志。对课堂教学的研究，不能只依据教师的教学风格或教学能力来判定，而是要从学情出发加以考查，只有从学生的角度对课堂教学实践进行修订和改进，才能创造出“以学习为中心”的课堂。

（3）关注执教者与听评课者之间的民主协商而非听评课者的单纯建言

课例研究旨在建设教研共同体，构筑教师之间相互学习、相互进步的同伴关系。因此，课后的研讨活动要尊重执教者的立场，它应该是民主协商的反思性实践，而不是专家或观摩者的单方面的建言过程。教学的复杂性决定了没有所谓唯一的“正确的教法”，随着教学对象或教学环境的改变，其教学效果是不同的，所以，研讨活动应该致力于反思自己通过这堂课学到了什么。

（五）撰写课例研究报告

撰写课例研究报告能够促进执教者的自我反思，能够为他人的教学提供有价值的参考，实现教师之间的资源共享或传播，促进学校真正成为一个探究和创造知识的场所。一个完整的课例研究报告往往由阐述研究主题和背景、教学方案的设计、教学实践（或教学观察）、教学成效研讨和附录等部分组成。

1. 阐述研究主题和背景

这一部分需要说明两方面的问题：

（1）课题的选择

阐明希望解决的研究课题是什么。

（2）教学内容的确定

阐明将会采用哪节课作为课例，说明研究主题与课例之间的关系以及打算通过这节课解决哪些问题等。

2. 教学方案的设计

完整地把握一堂课的教学情况离不开对教师原有教学预设的了解。因此，在课例研究报告中，描述原有教学方案的设计是极其重要的。在这部分需说明三方面的问题：

（1）对学情的分析

阐述清楚在开展课例研究活动前具体的学情是怎样的。

（2）方案设计的情况

按照教学设计的基本要素阐明教学设计的基本内容，以便将课堂教学的实况与教学预设进行比较，从而明确教案中需要改进的地方。

（3）课堂观察的重点与工具

撰写人需要说明本堂课观察的重点，使用什么观察工具以及如何使用等内容。教学方案的设计应该既是详略得当，用概述性语言阐述内容，同时又重点突出，切忌事无巨细的照搬照抄。

3. 教学实践

由于课例研究反映的是一个持续教学改进的过程，因此，报告中这一部分的呈现主要是反映每一轮的实践情况。撰写这部分不能是大篇的教学实录，而应该围绕教学实践中的问题进行阐述，将问题与教学中的“证据”交织呈现，让读者参与分析的过程。撰写者要力求描述得细致到位，切忌笼统模糊，同时要紧扣研究课题，避免支离破碎。

4. 教学成效研讨

教学成效研讨可以从以下两个角度入手：

（1）学生角度

通过观察学生的课堂表现，例如，学生在课堂上的言语、行为或参与度等，或者也可对学生实施后测，与学生的前测情况进行比较，推断课堂教学是否帮助学生掌握了学习内容。

（2）教师角度

教师角度主要是呈现教师从教学中所吸取的经验教训，这些经验教训是群体课后研讨以及教师自我反思的成果。由于课例研究会进行很多轮，在每一轮教学实践后，参与研讨的教师都要总结出本次教学的核心经验。

5. 相关附录

这部分主要是根据需要，提供相关附录文件，如教学设计、观察表等。以便读者更全面、细致地了解课例研究的整体过程和具体细节。当然，附录是对课例研究报告前四部分内容所作的补充说明，最终是否呈现应视情况而定。

活动二 案例与评析

活动提示：阅读以下材料，完成案例评析活动。

案例 1 影响学生理解物理概念的因素课例研究[①]

一、案例简介

本案例选自李笑非老师《课例研究：从规范走向常态》一书中所引用的案例，在此案例中，教师通过规范性课例研究，探讨了“活化概念形成过程”的方法，然后把这些方法用于常态课堂，展开常态课例研究，在从规范到常态的课例研究中，提高学生活化概念知识的能力。在本案例中，物理组教师以教科版初中物理八年级下册第七章第一节《力》为载体，确立了“影响学生理解物理概念的因素”这一研究主题，在三次试教中灵活地提炼出了理解物理概念的因素，帮助学生提高理解物理概念知识的能力。

二、案例呈现

具体案例内容请见二维码。

影响学生理解物理概念的因素课例研究报告

三、案例研讨

请仔细阅读课例研究报告，思考：这篇课例研究报告是如何呈现整个研究过程的？读完这份研究报告你有什么感想？

案例 2 品读鲁滨孙人物形象课例研究报告[②]

一、案例简介

本案例选自《新课程（中学）》杂志 2018 年第 9 期文章《陶行知教育思

---

① 李笑非. 课例研究：从规范走向常态［M］. 上海：华东师范大学出版社，2018：39-50.

② 杨珍婷. 陶行知教育思想指导下的名著阅读课：品读鲁滨孙人物形象课例研究报告［J］. 新课程（中学），2018（9）：4-5.

想指导下的名著阅读课：品读鲁滨孙人物形象课例研究报告》。该报告以初中名著阅读课为课例，展示了在陶行知教育思想指导下语文生本智慧课堂教学的实施路径。在此案例中，研究者通过研究主题与内容确定、课例研究进程以及课例研究的成效与反思三个方面，呈现了“陶行知教育思想指导下的名著阅读课”研究进程。在课例研究报告中，研究者以学生学情分析为教学前提，以课例研究课程为节点，对教学设计的变化和课程教学的变化进行了阐述，并从课堂教学的成效、课例研究的主要成果与结论、课例研究反思三个方面对整个研究进行了反思。

二、案例呈现

具体内容详见二维码。

陶行知教育思想指导下的名著阅读课：
品读鲁滨孙人物形象课例研究报告

三、案例研讨

请仔细阅读课例研究报告，分析：

（1）该课例研究报告主要包括哪几部分？

（2）该课例研究报告的撰写有哪些值得你学习的地方？

（3）是否还有需要改进的地方？

活动三　实作与反思

活动提示：请按照下列要求完成实作练习。

通过前面的学习，我们了解了课例研究的相关理论知识，熟悉了课例研究的实施步骤。请按照下列步骤，开展课例研究的练习活动。

步骤 1：按照 5 人一组，全班学生分成若干小组，每组选择一个研究主题，以初一年级为教学对象，合作设计一份跨学科教学的教案。

步骤 2：在小组内，根据教案进行教学演练，小组成员围绕教学过程中的问题进行探讨并修改教学设计。

步骤 3：在小组内，根据修正的教案进行第二轮上课，小组其他成员提出建议，小组成员讨论并形成一份完整的课例研究报告。

推荐资源

[1] 安桂清. 课例研究 [M]. 上海：华东师范大学出版社，2018.

[2] 李笑非. 课例研究：从规范走向常态 [M]. 上海：华东师范大学出版社，2018.

[3] 胡庆芳. 课例研究我们一起来：中小学教师指南 [M]. 2版. 北京：教育科学出版社，2014.

主要参考文献

[1] 周成海. 课堂教学原理与方法 [M]. 北京：中国轻工业出版社，2015.

[2] 李森. 现代教学论 [M]. 北京：人民教育出版社，2011.

[3] 王本陆. 课程与教学论 [M]. 3 版. 北京：高等教育出版社，2017.

[4] 李森. 现代教学论纲要 [M]. 修订本. 北京：人民教育出版社，2018.

[5] 裴娣娜. 现代教学论：第 2 卷 [M]. 北京：人民教育出版社，2005.

[6] 曾文婕. 运筹帷幄：教学设计的方略 [M]. 北京：北京师范大学出版社，2016.

[7] 李定仁，徐继存. 教学论研究二十年：1979—1999 [M]. 北京：人民教育出版社，2001.

[8] 刘欣，孙泽文，严权. 课程与教学新论 [M]. 北京：中国人民大学出版社，2014.

[9] 考其克. 学习与教学策略 [M]. 伍新春，等译. 北京：北京师范大学出版社，2007.

[10] 宋灵青，谢幼如，王芹磊，等. 走进翻转课堂 [M]. 北京：北京师范大学出版社，2019.

[11] 万伟. 三十年来教学模式研究的现状、问题与发展趋势 [J]. 中国教育学刊，2015 (1): 60-67.

[12] 郭玉莲. 课堂教学模式改革探论 [J]. 教育理论与实践，2012 (10): 57-60.

[13] 张金磊，王颖，张宝辉. 翻转课堂教学模式研究 [J]. 远程教育杂志，2012 (4): 46-51.

[14] 钟启泉. 课堂互动研究：意蕴与课题 [J]. 教育研究，2010 (10): 73-80.

[15] 张倩，刘清堂，张文霄，等. 课堂师生互动视域下教师行为特征分析与策略研究：基于 Leary 模型 [J]. 现代远距离教育，2019 (3): 30-37.

[16] 郑雨露，沈建民. 课堂教学理解：内涵、特性与策略：基于解释学的视角 [J]. 教育理论与实践，2021 (11): 58-61.

[17] 郑太年. 学习科学与教学变革 [M]. 上海：上海教育出版社，2019.
[18] 李保强. 教学目标体系建构的理论反思 [J]. 教育研究，2007 (11): 53–57.
[19] 毛齐明. 略论“社会文化—活动”理论视野下的学习过程观 [J]. 外国教育研究，2011 (6): 1–6.
[20] JONASSEN D H. Learning as activity [J]. Educational technology, 2002 (2): 45–51.
[21] YU L Z. The divided views of the information and digital divides: a call for integrative theories of information inequality [J]. Journal of information science, 2011 (6): 660–679.
[22] ENGESTRÖM Y. Expansive learning at work: toward an activity theoretical reconceptualization [J]. Journal of education and work, 2001 (1): 133–156.
[23] CARUTH G. Learning how to learn: a six point model for increasing student engagement [J]. Participatory educational research, 2014 (2): 1–12.
[24] EDWARDS A, GILROY P, HARTLEY D. Rethinking teacher education: an interdisciplinary analysis [M]. London: RoutledgeFalmer, 2002.
[25] 余胜泉，胡翔. STEM 教育理念与跨学科整合模式 [J]. 开放教育研究，2015 (4): 13–22.
[26] 祝智庭，雷云鹤. STEM 教育的国策分析与实践模式 [J]. 电化教育研究，2018 (1): 75–85.
[27] 赵慧臣，陆晓婷. 开展 STEAM 教育，提高学生创新能力：访美国 STEAM 知名学者格雷特·亚克门教授 [J]. 开放教育研究，2016 (5): 4–10.
[28] 李学书. STEAM 跨学科课程：整合理念、模式构建及问题反思 [J]. 全球教育展望，2019 (10): 59–72.
[29] 马云鹏，刘学智. 发展性学生评价的理论与方法 [M]. 长春：东北师范大学出版社，2007.
[30] 崔允漷. 促进学习：学业评价的新范式 [J]. 教育科学研究，2010 (3): 11–15，20.
[31] 申继亮. 教学反思与行动研究：教师发展之路 [M]. 北京：北京师范大学出版社，2006.
[32] 丁昌田. 核心素养导向的说课 [M]. 天津：天津教育出版社，2018.
[33] 李笑非. 课例研究：从规范走向常态 [M]. 上海：华东师范大学出版社，2018.

[34] 安桂清. 课例研究 [M]. 上海：华东师范大学出版社，2018.
[35] 杨玉东. 教师如何做课例研究 [J]. 教育发展研究，2008 (8)：72–75，82.
[36] 王文涛. 略论课堂教学观察、诊断与评价的具体方法 [J]. 基础教育课程，2008 (8)：44–48.
[37] 李子建，丁道勇. 课例研究及其对我国校本教研的启发 [J]. 全球教育展望，2009 (4)：29–34，39.

郑重声明

读者意见反馈

为收集对教材的意见建议，进一步完善教材编写并做好服务工作，读者可将对本教材的意见建议通过如下渠道反馈至我社。

咨询电话 400-810-0598

反馈邮箱 gjdzfwb@pub.hep.cn

通信地址 北京市朝阳区惠新东街4号富盛大厦1座
高等教育出版社总编辑办公室

邮政编码 100029